近代奇人伝

梅原正紀

白馬社

目次

宮武外骨　過激と猥褻の人

伊藤晴雨　非体制の責め絵師

小倉清三郎　性の求道者

高橋鐵　教祖型の性ジャーナリスト

梅原北明

好色型反骨派の猥本屋

カバー画・無戒由宇迦

宮武外骨

過激と猥褻の人

「猥褻」とは何か

本音を押し殺して生き続けていけば、波風をたてずに人びとは生きていくことができる。小さな計算とあきらめの念が結びついた処世方針だが、なんといわれようともこの路線にそって生きていれば、ともかく無難に生きられる。それがごく普通の人たちの世間智に根ざした生き方であろう。だが、このような生き方はいやだと、はみ出してしまう者も、数多い人間の中からまれに出てくる。たとえば、宮武外骨など、さしずめその代表的人物といえよう。そして、せっかく波風たてずに生きている人の中にも、宮武外骨のような生き方にひそかに拍手を贈っている者もいる。自分がやろうとしてもやれなかったことを代わりにやってくれた人への熱い共感がそこにはある。

けれども、常識にそって生きようとする人びとにとって宮武外骨は危険人物であり、現代ふうにいうならば過激派である。宮武外骨は爆弾こそ投げなかったが、言語・活字の爆弾を権威・権力に向けて投げ続けた人である。宮武外骨も自らいう「過激と猥褻の二点張りと云うべき予の性格」と。

ところで、本音にそった言動をとり続ける者が過激になるのは当然のこととしても、なぜ宮武外骨は自らすすんで猥褻家といいたてたのだろうか。外骨は生涯に四人もの妻をめとり、公称だけでも十六回に及んで妾をとっかえひっかえ変えている。それは彼の性的エネルギーが並みはずれて強かったという事実を証明することにはなるが、必ずしも猥褻であったとはいえない。外骨自身、その著書でこう述べている。

「性欲衝動の強弱は人格問題ではなく、体質関係の問題である。本能的精力旺盛を罪悪と見る人があるとすれば、それは生物学的知識のない者に外ならない」

もっともないい分といえよう。それならば、いったい「猥褻」とは何か。辞書的定義はさておいて、宮武外骨はどのように考えているのかを、紹介してみたい。宮武によれば「猥」は「ほえる」とよみ、語源的には犬＝犭が男女交合する姿を怪しみ、畏《おそ》れて「ほえる」ことを意味するという。また「褻」は「けがらわし」とよみ、衣を執《と》ると陰部がむきだしになって「けがらわしい」ので、この字ができたという。そこで外骨は次のように定義する。

「猥褻とは、男女の交接又は其陰部を形容したる器物、絵画、言語、動作等を総称し、又公然の交接及び公然陰部を露出することを包含せり」

宮武外骨は、セックスを密室の中に閉じこめようとする国家権力の「性政策」に異議を申したてるべく、自らを「猥褻」呼ばわりしたのである。偽善をきらう露悪的反骨精神に基づく言動であったことが理解できよう。また外骨はその著書で次のように述べている。

「然れどもひるがえって考えてみよ。『結婚』といえる語に猥褻の意義なしとするか。『夫婦』

といえる語に猥褻の意義なしとするか。結婚より性交を除去しうべきや。夫婦より生殖を除去しうべきや。……その言語に囚わるる愚蒙を啓発せんとするのが本書の目的なり。余は自ら猥褻研究者なりと叫んで、何の恥ずるところもなきなり」

人間存在そのものがもともと猥褻なのだから、猥褻を取締る法律は人間存在の否定につながることとなる。猥褻であって何が悪いのだという論旨である。人間の本性を束縛するまやかしの秩序に対する告発の弁であるといえよう。「過激と猥褻の二点張り」と自分の性格を規定した外骨は、さらに自分の性癖について次のように述べたことがある。

「官僚嫌いの癖、政党嫌いの癖、軍閥嫌いの癖、貴族嫌いの癖、貴族政治・富豪政治嫌いの癖、次いで古書穿鑿好きの癖、魚釣り好きの癖、猥褻事物研究好きの癖、俗語蒐集好きの癖、さては自分の新雑誌発行好きの癖、それを一、二号で廃刊しても平気な癖」

このような性癖を持つ宮武外骨は、自らを「偉大なる狂人、常識はずれのネジケ者」と称していた。昭和二年に創刊した『奇抜と滑稽』誌に掲げた「自叙伝式の外骨逸事」で、なぜそのような人物として育っていったかは出生の事情によるものであると述べている。

命名の由来

宮武外骨は慶応三年一月十八日、香川県綾歌郡羽床村大字小野の豪農、宮武吉太郎の第六子として生まれた。宮武家は代々庄屋をつとめる家柄で、父の代には五百石ぐらいの小作料があがったという。

外骨という名は、親がつけたものではない。幼名を亀四郎といい、明治十八年に改名届を出して認められ、外骨が本名となった。正しくは「がいこつ」とよむが、昭和十年代、軍国主義的風潮に反発して「とぼね」とよみ変えていた時期もある。したがって、外骨とは雅号や戯号などではなく、本名なのである。ところが、世間では本名として受取ってくれないため、彼は「是本名也」という印をつくって自著に検印代わりに押したこともある。

命名の由来は、亀四郎との幼名が気にいらず、そうかといって全く関係のない名前を名のりたくなかったからであろう。「亀ハ肉ヲ内ニシ、骨ヲ外ニセル者ナリ」というところから亀の字をもじって外骨と名のるようになったのである。

外骨が生まれた慶応三年といえば、薩長両藩主に討幕の密勅がおり、徳川慶喜が大政奉還をした年にあたる。この年の八月ごろ、三河から「エージャナイカ」という宗教的乱衆行動が始まり、他の地方にも波及しだした。神仏のお札が天から舞いおりだったことがきっかけとなり、世直しを求める幕末の民衆が「エージャナイカ」という卑猥な唄をうたい踊りながら庄屋や大きな家に押しかけ、酒食を出させた乱衆行動である。

エージャナイカ　エージャナイカ
かわら毛同士がはち合うて
　双方にけがなきゃ　エージャナイカ
エージャナイカ　エージャナイカ
おそそに紙はれ　破れたらまた張れ
エージャナイカ　エージャナイカ
江戸の横浜石が降る
　ここらあたりは神が降る

古い秩序からの解放を求めて下積みの民衆が狂宴をくりひろげた年に外骨は生まれたのである。外骨はいう。

「自分の性格の由来を多年疑問にして居ましたところ、近頃になってやっと発見しました。それは明治維新頃の記録や雑著に見えている『エージャナイカ』踊りの影響であろうと思うのです。…向う鉢巻で襷《たすき》をかけた草鞋《わらじば》穿きの男十数人宛《ずつ》隊を組んで豪農の家に押かけ、其《その》土足のまま座敷に上り『エージャナイカ　エージャナイカ』といって踊る。次は台所へ入り込み酒樽を取り出して冷酒を呑み、飯櫃《めしびつ》を開けて飯を食い『酒を呑ましてもエージャナイカ、飯を食わしてもエージャナイカ』といって同じく踊る。斯《か》くて一カ月ほどの間、呑み回り食い回りをすることが続き、ワタクシの家は庄屋であったので随分荒らされ、一日に幾組もやって来るので酒を取寄せたり、飯を炊いて其闖入《そのちんにゅう》に備えて居たそうです。そんな乱暴狼藉のあった年にワタクシが生れたので居間に寝かせて置くと踏み潰されるかも知れぬという親の心配から、ソリャ又来たという際には、ワタクシを小蒲団に包んで押入れに入れたそうです。コンナ騒ぎの年に生れた者ですから、其エージャナイカの気分がワタクシの性格になったのであろうと思います。癇癪《かんしゃく》と色気もエージャナイカ、過激と猥褻もエージャナイカ、監獄行きもエージャナイカと成り、近年は矛盾不徹底の廃姓外骨、民法違反もエージャナイカ、講演の脱線もエージャナイカという様な性格を作ったのであります」

もちろん、これは宮武一流の斜に構えた言い方であり、反骨の人になったもっと大きな理由はほかにある。

駈落ち、そして出版界へ

明治四十四年に刊行した『筆禍史』の「あとがき」で外骨は宮武家の由来をこのように述べている。

「予の先祖は備中の穢多《えた》であるそうな。予は讃岐の小野という村で生れた者であるが、予の先祖は今より五、六百年前に、備中から讃岐へ移住した者であったので、当時近所の者共は、他国から移住する奴にロクな者はない、いずれは穢多か、さもなくば人を殺して逃げて来たのであろうと言ったそうである。現今讃岐には宮武という姓の家が数十軒あるが、他の国には無い。ただ備中にだけはあると言うから、或は予の先祖は備中の穢多であったのかも知れない」

穢多とは、いわれなき差別下にある未解放部落の人たちを意味する差別用語である。実際には、宮武家は未解放部落の出身ではないというが、外骨は理不尽な差別にチャレンジするため、あえて穢多であると、ことあるごとに主張していた。たとえば大正六年に刊行した『つむじまがり』の新聞広告に「宮武外骨は穢多の子孫なり」と載っている。ついでながら、この新聞広告に『つむじまがり』の目次が掲げられているので、そのいくつかを抜き書きしてみよう。

●予は危険人物なり●官吏は国家の雇人●貯金よりも借金をせよ●安価蓄妾法●入獄祝賀会●鰻を好む者は蛇をも食え

筆を戻すと、外骨の生家は豪農だったので、物質的に恵まれた少年期を送っている。豪農の子だったが、彼は未解放部落の子どもたちとも分けへだてなく遊んだ。同じ人間なのになぜ差別されるのかと、子ども心にも不審に思い、大人たちの秩序意識に反感を抱いた。近所を流れる綾川に未解放部落の子どもたちと鮎をとりにいき、その獲物をサカナにして、外骨は酒盛りをした。酒代を出資したのは外骨である。それが病みつきになって少年のころから、外骨は酒を飲み始めるようになった。だが、母親に知られてしまい、「酒を飲むのは仕方がないが、穢多といっしょに飲むのはやめてほしい」と注意された。注意されれば、なおさら飲んでやろう、穢多とつきあうぞと心に決める少年だった。

小学校を卒業すると、高松市にある栄義塾と呼ばれる漢学塾で四書五経の手ほどきを受けたが、塾生から漫画入りの戯文諷刺雑誌の『驥尾団子《きびだんご》』を借りて読み、すっかり魅了されてしまう。

「予の雑誌への愛着心はこの頃から培われたのであるが、ことに『団々珍聞《まるまる》』や『驥尾団子』の滑稽のうちに強い諷刺を含めた絵や文章には頗《すこぶ》る興趣が湧いた。予の滑稽雑誌への志は、この頃に源を発するのである」

『宮武外骨自叙伝』(『書物展望』昭和二十五年五月号)からの一節である。

新聞や雑誌を通じて新天地をかいまみた外骨は、ぜひとも東京で勉強したいと両親を説得し、三年間の期限つきで上京、本郷元町にあった進文学舎の漢学塾に入学した。だが、外骨は塾で学ぶことよりも、成島柳北の『朝野新聞』や服部誠一の『東京新誌』、『近時評論』に目を通し、新知識を吸収することのほうに関心が傾き、やがて成島柳北のような文筆家になりたいと志すようになった。

まだ少年だったが、外骨は背伸びをして大人っぽく振舞った。たとえば東京・本郷では名の知れた牛肉屋江知勝で牛鍋をつつきながら、銚子を傾けたりした。それも馴染みになるほど通った。そのため、両親からの仕送り金はすぐになくなってしまい、外骨は理由をこじつけては送金を頼んだ。こうしてとうとう三年の期限がこないうちに外骨は故郷に呼び戻されてしまった。両親が金遣いの荒さを心配したからである。

故郷に帰ったものの、さしあたってこれという用を持たない外骨は、新聞や雑誌に投稿したり、酒や女に明け暮れた。このころ、知り合いの者から「素人女をとりもってやる」とすすめられた外骨は高松までその女性に会いに行った。貧乏士族の娘で西村房子といい、十六歳だった。酒の席となり、房子は三味線を取りだして上方端唄をうたいだした。

浮草は思案の外の誘う水
　恋が浮世か　浮世が恋か

外骨は房子にすっかり魅了されてしまい、その後は三日とあげずに高松通いが始まった。日が暮れるのを待ちかねるようにして高松まで人力車を走らせ、翌朝、明けぬうちに家に帰り、布団にもぐってウトウトとしたころ、起き出して両親と一緒に朝食の膳につくようにしていたが、とうとう母親に気づかれてしまった。

「お前がそれほど気に入っているのなら、いっそのこと嫁にもらってはどうか」

と叱られるどころか、母から結婚をすすめられた。これで身持ちが納まるならと母親は計算したのである。東京へ再遊学をしないことを条件として、宮武家から房子の生家に五百円の支度金が贈られ、十八歳と十七歳の若夫婦が誕生した。ところが、この結婚に横槍を入れる者が出だしたのである。外骨の妹のシカノである。「金で買った女を姉とは呼べない。一生交際しない」と親族の間でふれ回った。

母親が調停にたったが、妹との溝は深まるばかりで、もともとその気のあった外骨は、房子を連れて東京へ駈落ちしてしまった。京橋の郵便受取所の事務員をしたり、親戚の者が出版関係の事業をしていたので、そこへ手伝いにいったりして、細々と暮らしていた。そのうち外骨は自分で出版社を経営しようと思いたち、足手まといになっている房子を新潟県令（知事）の永山盛輝の邸に女中奉公に出した。食えるようになったら引き取ると因果を含めたのである。

最初に出版したのが『孰姉乎妹』（いずれが姉か妹か）で狂詩・狂歌・川柳に竹斎の絵を入れた正六角形の奇形本を竹上美哉《みや》のペンネームで刊行した。竹上美哉とは「武」の上に「宮」で宮武の姓をもじったものであり、本の体裁を正六角形にしたのは、幼名の「亀四郎」の亀を表わすというこりようだった。明治十八年、十八歳になっていた宮武は、出版業に乗り出したのをきっかけとして、前にも述べたように外骨と改名したのである。

獄中で秘密出版

以来、『当世人心解剖書』『ドーデモ英和字彙』などを続々と刊行したが、いずれもヒットするまでは至らなかった。外骨の特色は、経営者・編集者・筆者を一人で兼ねていた点にある。なかには依頼原稿もあったが、外骨は投げて打って守り、監督するというオールラウンド・プレーヤーとしてその真価を発揮した。

明治二十年四月から外骨は『団々珍聞《まるまる》』の向こうを張って『頓智協会雑誌』という名の諷刺滑稽雑誌を刊行した。国もとの母親から二十五円の送金があったのを元手として、一部二銭五厘で千部、銀座の読売新聞社に印刷・製本を依頼したのである。雑誌ができあがると、外骨は自分で書店回りをし、卸して歩いた。一冊七銭で卸し、十銭で売ってもらったが、千部はまたたく間に売れ、再版三版と増刷を重ね、おもしろいように金が入り出した。

金が入り出すと、外骨は房子のことはすっかり忘れて吉原通いを始め、月に二十日も遊んだが、それでも金はつかいきれなかった。そうしたある日、有頂天になっていた外骨に神田警察署からの出頭命令が届いた。たまりかねた房子が神田署に訴え出たのである。

「約束が違う」

と房子は外骨をなじったが、要領を得ない返事をしたまま、とうとう房子を引き取らずじまいにしてしまった。以来、外骨は女運が悪く、何人も夫人を取りかえたが、後年この時の報いを受けたのではないかと悔いることとなった。権威と権力がきらいで不当な差別を批判した外骨だったが、こと女にかけては、明治育ちの男性の平均的女性観と似たり寄ったりであったといえよう。

『頓智協会雑誌』は月二回の発行で、出せば売れた。ところが、明治二十二年二月二十八日に出した二十八号が発売禁止になってしまった。おりから帝国憲法の発布式が行なわれた直後で、日本中が奉祝気分に包まれ、式典を描いた錦絵が盛んに売れていた。

帝国憲法が発布されたさい、感想を聞かれた中江兆民は、ただ苦笑しただけというエピソードが伝えられているが、奇才・反骨の人といわれた外骨も外骨なりに帝国憲法に嘲笑を浴びせたのである。彼は『頓智協会雑誌』の巻頭に、骸骨が玉座にたって文書を大臣に授けている戯画を載せ、「大頓智協会ハ讃岐平民ノ外骨之ヲ統轄ス」から始まる「大日本頓智研法」の条文を掲げたのである。「大日本帝国ハ万世一系ノ天皇之ヲ統治ス」との憲法第一条になぞらえたのはいうまでもあるまい。

面目をつぶされた明治政府は、雑誌を発禁押収した。外骨は不敬罪で重禁固三年・罰金百円の刑をいい渡され、控訴したが減刑されず、明治二十二年の十月から二十五年の十一月まで石川島監獄に投獄されることになった。房子はそれまでまだ一緒になれると希望をつないでいたが、とうとうあきらめて故郷に帰り、他の男にとついだと伝えられている。

投獄されても外骨は謹慎の意を表していなかった。もともと罪を犯したという意識がなかったからでもある。獄内の印刷工場の校正係に回された外骨は、もっけのさいわいと獄中で新聞の発行を企て、『鉄窓詞林』を刊行した。発行所は石川島獄中苦楽部、主筆は宮武外骨、書き手には不自由しなかった。自由民権派の壮士の伊藤痴遊をはじめ、骨っぽい囚人から好評をもって迎えられ、寄稿を希望する者が続出した。看守の目を盗んで『鉄窓詞林』は数カ月にわたって発行され続けたが、獄中の話題になりすぎて発覚、外骨は印刷工場から製本工場に配置転換されてしまった。だが、それであきらめてしまう外骨ではなかった。ひそかにたくわえた紙に囚人たちの文章を筆写して、獄房で回し読みさせた。

　活字と出版への飢えをこのような非合法手段で満たしただけでなく、外骨は読書にもはげんだ。外骨は典獄の特別のはからいで、書籍の差し入れを許され、心理学、論理学、美学、宗教、歴史、随筆と片っぱしから読みあさった。監獄は外骨にとって雑事にわずらわされず、読書に専念できる場ともなったのである。

　とはいうものの、精力があり余っている外骨は、異性への妄念が湧きたち、五本の指で下半身の怒りをなだめた。後年、「獄中で女なしですごしたのは辛かったでしょう」と聞かれると「もっぱらせんずりばっかりやっていました」と答え、「何もしないでいるときは、せんずりでもしなければ身体がもたない」とつけ加えたという。この時の体験を生かして大正末期に外骨は『手淫通』と題する奇書を書いている。

　その内容の一部を紹介すると、往来で美女と出会ったら、性的妄念を楽しみながら、あとをつけ、一方、われとわが手で男性自身を奮起させておく。そして、ころはよしというころ、美女を追い抜いて立小便をするふりをして、その女の顔をみながら、しごいて発射すべし——。もっともこの方法は交通事情が激化した現代の都市部では、実行できないだろう。

　女性への飢えは五本の指のお世話になって、外骨が出獄したのは明治二十五年十一月、型破りな獄中生活のエピソードの数々が出獄者によって伝えられていたためもあって、二百人を超える人びとが彼を出迎えた。国家が人民に刑罰を与えるのは、建て前として前非を悔いさせ、社会秩序の枠組みの中で「過ち」を犯さずに生きられるようにと再教育するためであるが、外骨の場合、国家のこのもくろみは失敗に終わっている。出獄後も外骨は、ますます反骨精神に根ざす、奇人変人ぶりを発揮することとなるからだ。

人生の方向きめた入獄体験

最初の入獄体験は外骨の人生にとって大きなターニング・ポイントとなっている。それなのに政府が外骨を投獄したのは、行き過ぎであったことが後になって判明するのだから、人生とは皮肉である。というのは、昭和九年になって、外骨の友人であり、大審院判事をしていて法学博士の尾佐竹猛が『秘書類纂』の法制関係資料の中で元法制局長官の井上毅が伊藤博文に提出した「検察官並ニ警察官ノ弊害」と題する次のような意見書をみつけだしたからである。

出版条例等ノ違犯罪被告人ノ増加スル所以《ユエン》ハ、無智無責任ノ記者ガ其言論ヲ世ニ吐露スルモ実地治安上恐ルベキ者アラザルニ、其取調ヲ掌ル吏属其人ヲ得ザルガ為メ、事ヲ尊大ニ取リ、為メニ謂ワレナキ獄ヲ起シ、到底政府ノ信用ヲ堕スヨリ他アラザルノ結果ヲ生ズルコト常ナルニ在リトス。其例ヲ挙グレバ頓智協会雑誌記者ガ不敬罪ヲ以テ告訴セラレタル事件ノ如キ、実ニ抱腹ニ堪エザルコトト言ワザルヲ得ズ。

天皇を頂点にすえる明治政府は、その権威を守るために、そこまでしなくともよいのに、讃岐の平民宮武外骨を生けにえにしたのである。政府高官も認めているように冤罪だった。

尾佐竹らが発起人になって昭和九年十月十一日、東京・日比谷の松本楼で「外骨筆禍雪冤祝賀会」が開かれ、白柳秀湖、国分青崖、斎藤昌三、小林一三、上田茶拝（性神信仰の研究家）らが参会した。

その少年時代からの言動でもわかるように、外骨は反逆的な精神の持ち主であったのが、投獄という国家の暴力行為によって、ますます筋金入りになっていったのである。外骨自身の弁を聞いてみよう。


「この事がなかったならば、単なる天性流露、直情径行の楽天主義者、穏健な諷刺ジャーナリストとしておわったかもしれなかったのに、このことあって以来、余は藩閥官僚政治の専断横恣は断じて許すべからずと感じ、新聞に雑誌にこれを極力攻撃し、藩閥官僚と連なる資本家の悪辣さに就ても仮借なき筆誅を加えて来たのであった。

余は往々にして、近世に於ける奇人の一人として世に知られているようであるが、その一資格は、明治政府によって与えられたようなものである。

敢て一身の一瑣事をくどくどしく述べたゆえんのものは、近時における取締の傾向が、嘗て日本を滅亡に導いた政府のそれを思わすものあるを危惧するがためである。硬派にしても軟派にしても、その取締にあたっては井上毅の『謂ワレナキ獄ヲ起シ、到底政府ノ信用ヲ堕ス』云云の一言は反覆玩味すべきである」

これは敗戦後の昭和二十六年に外骨が述べた文章からの一節だが、戦後民主主義のあやふやさを衝いている。外骨の指摘・忠告は、『四畳半襖の下張り』事件等々の事例をもちだすまでもなく、現在にも及んでいるのである。

発禁・罰金・入獄の連続

出獄後、外骨は第二の妻となった愛子と結婚した。愛子は肥後八代藩の家老の娘であったと伝えられ、形式上は最初の正妻である。二十四年にわたって一緒に暮らすこととなり、子どもも生まれたが、赤子のうちに病死している。

出獄した翌年の明治二十六年三月に外骨は『文明雑誌』を創刊したが、一号で早くも廃刊になった。書いたり、編集したり、出版したりの生活が続くが、明治二十八年には早くも『頓智と滑稽』が発売禁止の処分を受けている。

明治二十九年に日本で最初の骨董記事専門誌となった『骨董雑誌』を刊行したが、売行きが悪くて廃刊。さらに『骨董協会雑誌』として再スタートをきったが、結局、当時の金で四千円もの赤字を出して外骨は台湾に渡り、再起を図った。ニワトリを飼ったり、新聞を出したりしたが成功せず、日本に引きかえした。大阪に着いた時は七十五銭しか持っていなかったが、パトロンがついて、明治三十四年一月から『滑稽新聞』を発刊した。

外骨は、そのころ大阪で横行していたユスリ新聞や詐欺売薬をたたいたり、本願寺法主の御乱行を絵入りで書きたてた。そのため、風俗壊乱罪で問われたりしたが、筆を曲げることなく、さらにユスリ刑事へのキャンペーンを開始し、大阪市民の拍手を浴びた。このため、官吏侮辱罪にひっかけられたが、月二回の発行が待たれるほど新聞の売行きは伸びた。『滑稽新聞』は八年も続いて刊行され、外骨が手がけた新聞や雑誌の中では最も長続きすることとなった。

入獄・罰金・発禁の嵐をくぐり抜けながら、『滑稽新聞』を刊行し続けた外骨は、明治四十四年に『筆禍史』を刊行し、その跋でこのように述べている。

「遂に十八歳の時から、大胆無謀にも筆を執って今日まで世の中を渡って来た……。其二十幾年間には、筆のために禍を買って三度入獄した。……通計四カ年余り獄中生活をしたのである。又予が筆を執った事で、署名責任者が入獄した事も三回あり、罰金刑に処せられた事が十五、六回。発売禁止印本差押の処分を受けた事が二十回以上もある。……其懲性《こりしょう》の無いシブトイ所が穢多根性の遺伝かも知れないが、これが若し旧幕府時代であったならば遠の昔〝町内引回しの上、獄門に行う者なり〟の重刑に処せられて、二回三回の筆禍を重ねるほど長生きする事もできなかったであろうが、明治聖代の有難さには、内務省の要注意人物ではあるが、今に壮健で皆様の御愛顧を得て居る……」

『筆禍史』を刊行後も、外骨は筆禍事件を数回となく引き起こしている。『滑稽新聞』で財政のゆとりができると、外骨は大正二年に『不二新聞』と月刊誌『不二』を発行したが、『不二新聞』に「桂太郎（総理大臣）は暗殺せざる可からず、高崎親卓（大阪府知事）は賄賂取りの悪知事なり」との記事を掲載して禁固一カ月の刑を受けている。

外骨は謹慎するどころか、かえって闘志を燃えたたせ、月刊誌『不二』で法律を濫用する官権への攻撃記事「我輩は危険思想の人物か」を載せて憂さを晴らした。

「官吏は国家の雇人なり。国民は悪官吏に攻撃を加う権利を有す。……悪大臣の私曲、悪知事の収賄事実を攻撃すると、旧弊《へい》思想の官吏どもは、それを曲庇せんがために秩序紊乱という国法を濫用して、我輩を禁錮に処した。ヘン！　どちらが危険人物か」

たび重なる発禁処分を受け、出版事業の経営は苦しくなっていったが、大正四年、外骨は突如として大阪から衆議院選挙に立候補した。

「我は天の使命として選挙界を騒がさん為に起った者なり。故に勝敗はモト眼中になし」

と立候補宣言し、「政見は」と聞かれると「予は告発専門候補なり」と名のり、他の金権候補の内幕を調べあげ、三十余件の選挙違反の告発を行なった。外骨の演説会は毎度、満員の盛況をていしたが、票は百三十しか集まらず、当初の予定通り落選した。だが、金権候補二人が外骨の告発で検挙されるという成果をあげている。

これが十五年にも及ぶ大阪での生活に区切りをつける最後っ屁となり、落選後、外骨は東京に出た。大阪で新聞や雑誌を刊行し続ける見通しがたたなくなったからである。落ち目の外骨にさらに悲運が見舞った。二十余年も連れそった妻の愛子が、上京後一カ月ほどして病死したのである。その後大正十一年まで外骨の独身生活が続く。この間、外骨は妾を周旋する慶庵の世話になった。

「その後家政上の必要を兼ねて妾を置くことにした。それより約四年間、取り変え引き代えの妾に苦しめられた。老人のお伽たることを承知でくる打算的な若い妾であるから、ほとんどロクな者なしであった」

と外骨は後に自著で回想の言葉を述べている。

〝浅学博士〟の抵抗

外骨が「猥褻もの」の出版を手がけたのは、『筆禍史』と同時に出版した『猥褻風俗史』（明治四十四年）である。その後、『同性色情史』『男女の性欲研究』などを刊行したが、この分野に本格的に取組みだしたのは、妻の愛子を失ってからである。大正五年六月に『猥褻研究会雑誌』を創刊したが、誌名が不穏当であるとの理由から発禁になった。外骨は取締り当局の頑迷さを嘲笑した号外を出して、わずかに溜飲をさげて廃刊にした。
「これからはどんな本でも猥褻という題をつけたものはみな発禁する」と宣告されたが、『猥褻研究会雑誌』を一号で廃刊後、新たに刊行した『スコブル』に「予は浅学博士なり」との戯文を発表し、当局をからかっている。

「現今の何学博士という者には一人も真の博士は無い。皆其学科の或一科目に精通して居るのみである。故に医学博士は文学を知らず農学も知らない、法学博士は理学を知らず工学を知らない……博士宜しく深士《ふかせ》と改むべしとは先輩の論である。
そこで我輩の学殖如何というに生理学の一斑も心得て居り、心理学の素養も幾許《いくら》かある、法学思想は十人並以上に具え、考古学も万更知らぬ事なく、歴史地理も一通りは学び、物理学も二三冊は読み、社会学、言語学、政治学、宗教学も門外漢ではない。美術骨董の鑑定も素人には負けず、浮世絵の研究には数年従事し、古人の随筆雑著は数千巻読んだ。それから学者としての猥褻研究に至っては、自ら世界一を以て任じて居る。だが、いずれも皮相的半可通的であって深くは知らない、近頃は又更に心霊研究を専ら行《や》って居る、斯くの如き浅学博士の雑誌記者は、天下広しと雖《いえど》も予一人であろう、幸なる本誌読者よ」

「猥褻」の二字を冠した出版物を刊行したら発禁にするぞと当局からいわれていた外骨だったが、大正八年五月に『猥褻廃語辞彙』を出版した。その「自序」でこう述べている。

「過激と猥褻の二点張りと云うべき予の性格、その予が企画せし官僚政治討伐大正維新建設の民本主義宣伝を妨害され窘迫《きんぱく》さるれば、自然の帰着として性的研究の神秘漏洩《ろうえい》に傾かざるを得ざるべし。これ本書編纂の理由にして又予の天職発揮なり。若しこれを押えられんか。予は気のやり所なきにあらずや」

発禁されたら「気のやり所なきにあらずや」と序文に書いたが、発行後、三日目に早くも頒布禁止を命ぜられ、三カ月後に罰金七十円の判決を外骨は受けた。「気のやり所なきにあらずや」とは、ストレス発散の場がないとの意味だが、実際には外骨は手を変え品を変え、ストレスを発散する場を創意工夫してつくりだしてきた男ともいえるのである。東京に舞い戻ってきたのは大正四年だが、その二年後に外骨は再び衆院選に立候補し、活発に他の候補の違反事件を告発して「候補者は警察より、あなたを恐れている」と警察署長から賞讃？　されている。

また、大正七年夏に起きた米騒動のさい、外骨は『朝日新聞』に次の広告文を掲載した。

「米価暴騰問題に付市民諸氏に御相談仕度候間有志家及生活難の御方々は来る十三日（八月）午後六時（雨天順延）日比谷公園音楽堂前に御来会被下度候也。発起人　宮武外骨」

富山県で起きた米騒動は次々と各府県に波及し、二十四府県、百三の市町村で騒擾事件が発生していた。東京では焼打ちや暴動が起きていなかったが、起こる寸前であり、外骨の広告文は火に油をそそぐ役割りを果たすものであった。対策に神経過敏になっていた警察当局は外骨に対し、「当日は一歩でも戸外に出れば即刻逮捕する」と禁足命令を出し、刑事二人を外骨の家に派遣して監視させた。

「宮武外骨がなにか思いきったことを話すらしい」と期待を抱いて人々は日比谷公園に続々とつめかけてきたが、外骨が姿を現わさないので群衆が騒ぎだした。後に外骨は群衆煽動の嫌疑で裁判に回されたが、「貧乏人があまりにも気の毒だから、解決の方法を相談するために広告を出したのだ」といい、「もしわたしが出席していれば、騒ぎにならなかった。騒動の責任は、わたしを禁足にした警視庁にある」と詭弁をろうし、無罪放免をかちとったのである。もちろん外骨が参加していれば、騒動はさらに大がかりなものになったことはまちがいない。

女から女への「廃姓外骨」

大正十一年五月、宮武は『半男女考』という、男でもない女でもない中性人間の研究資料を刊行した。「をとこおんな」「嫁に行きて離縁さる」「陰門ある男」「無性の人」「子宮なき女」「睾丸を発見された女」「陰門より放尿する男」「腰巻をして壮丁検査」「男の女芸者」「尼より僧へ」「月経ありし男」などといった実例を古今の文献から拾い出して収録した本である。

『半男女考』を刊行して半年後、外骨は新たに迎えいれた妾の小清水マチが気にいり、ずるずると四年間同棲し、籍を入れないと別れるといわれ、本妻に直した。マチは吉原の娼婦あがりで、外骨の友人たちには評判が悪く、ことに「平凡寺」といわれた三田林蔵は「早く別れないと思い知ることが起こるぞ」と忠告した。三田林蔵については『アサヒグラフ』(昭和二十七年六月十三日号)に紹介記事が載ったことがあるので引用してみよう。

変態蒐癖の一人、本名三田知空、……自宅一室を趣味山平凡寺と名付け、蛮族の首台、髑髏、陰陽神、幽霊の軸物などを集め、求めに応じて息災延命の守札を発行、聾《つんぼ》で筆談しながら本妻と妾を同居させて、家庭争議も起さず……。

この道のベテランである三田から「あの女だけはよしたほうがいい」といわれながらも、外骨はマチと別れかねた。その理由について彼はこういっている。

「余が彼女に執着した原因は、その容貌姿態に惚れたのではなく、その気質性格に惚れたのでもない。七年間、女性らしいヤサシイ言葉も聴かされたこともなかった……にも拘らず余が常に彼女を愛撫して棄てなかった理由は、ここに公言を憚るべき一事のためであった。それを除外しての非難は、常識に囚われた平凡攻撃と見る」

外骨がマチを性技のエキスパートとして高く評価していたことがわかろう。ところが、マチは、外骨と暮らすようになって七年目に宮武家の書生とよろめき、その現場を外骨に見られてしまった。平凡寺こと三田知空の予想が不幸にして的中したのである。昭和三年十一月十九日付で外骨は友人知人に次のような印刷物を配った。

略啓　小生が新妻と称せしマチとの同棲は七星霜でありましたが、近来日を追って、我儘増長し遂には二カ月程前より、松井という男と密通していたのを一昨夜小生が其現場を押え、昨朝離縁を申渡して媒酌人方へ引き取らせましたが、同女は前非悔悟と称し「死んでお詫びする」とて多量の猫いらずを服用したのを、清野病院へ送って応急の手当を加えた効もなく、終《つい》に今朝四時半頃死んだそうであります。小生は更に近日新家庭を作りますから御安心下さい。

この印刷物が配られてから十日あまり後に、外骨の友人たちは結婚披露の招待状を受け取り、手回しのよさに唖然とした。

先月十八日不貞女マチ毒死後交渉三日にして縁談整い、小生は八年来の相識水野和子と先月二十四日箱根温泉において結婚いたし我家ばかりに春は気にけりの悦に入って居ます。就ては来る八日（十二月）午後五時より湯島天神魚十楼に於て其経過報告かたがたノロケ披露のため粗酒献上いたしますから是非御来会下さい。

集まったメンバーには明治文化研究会の吉野作造、尾佐竹猛らの学者もおり、人を喰った外骨のノロケを聞かされ、賑やかな会合になったというから、自殺したマチは浮かばれない。

なお、これより以前、外骨は藪井竹庵や石部金吉などという名前を集めて『日本擬人名辞書』(大正十年五月)を刊行したが、同書の巻末に「廃姓広告」を出した。

「新思想家諸子が姓氏を廃すると否とは、諸子の自由であり賢愚であるのだが、斯く唱導する予は、『隗《かい》より始む』の例で今後『宮武』という姓を用いないことにした。

……現代の法制上、戸籍は『宮武外骨』とあり、諸官からは宮武外骨と呼ばれるであろうが、それは彼等の御勝手であり、また此方も法治国民の一員たる以上は、無法に反抗もしないが、それでも自己署名の場合には『宮武』の二字を小さく書くつもりである。右の次第であるから、今後予に宛てる郵便物の表書には、単に『外骨様』と書くか、それがアマリ簡単でヘンだと感ずるならば、『半狂堂外骨先生』でもよろしい。此事を承知の上でことさらに『宮武外骨』と書いて来たと認定すべき郵書に対しては、返信をしない。また対座の際に、『宮武さん』と呼ばれても応答しない事にした」

以降、外骨は「廃姓外骨」と称した。彼が廃姓に踏み切ったのは、門閥や閨閥が横行する社会にすねたからであるといわれているが、そのほかにも理由がある。外骨はかねてから「宮武」という姓に嫌悪感を抱いていた。というのは、「宮」は「宦官《かんがん》」を意味し、「武」は、彼の大嫌いな軍閥を連想させるからである。宦官とは去勢されて後宮に仕えた中国の役人のことである。

水野和子との結婚披露の招待状を配ったさい、外骨はよほどうれしかったのか、「廃姓外骨」を改めて「再生外骨」と署名している。だが、和子は昭和十五年に脳溢血で急死し、外骨とは約十年しか生活していない。彼の友人であり、書誌研究家の斎藤昌三によると「和子は前妻よりも、体質・技術が劣っており、平凡な妻だった」という。和子が死んださい、外骨は「死んだとて知らせてやれば来にゃならぬ、ツイ忘れたとうっちゃっておけ」とのひそみにならって密葬にした。

和子の次に結婚したのが、明治初期の出版界で活躍し、衆議院議員になった稲田政吉の娘の能子である。この二人が結ばれたいきさつがおもしろい。外骨は友人の貧乏華族が妻を亡くして困っていたので、以前から知っている能子を世話しようと思い、見合いの日に能子の付添人としてタクシーに同乗した。車中で先方の人柄を外骨は「貧乏しているとはいえ、なにしろ華族の出だから、下情に通じていない面もあって堅苦しいところがある」と説明した。すると能子は「そんな堅苦しい人だと一緒になったら苦労する。それより先生のほうが話がわかるし……」といいだした。ともかく見合いをすませた帰途の車中で能子が「やはり先生のような人のほうがいい。先生はいかが？」というので、さすがの外骨も「わたしのほうは一向に差支えないが、年齢が四十近くも開きすぎていて、それではあなたに気の毒だ」と答えた。「でも、そのようにお元気なのだから」と能子のほうから口説くこととなり、二人は結婚し、能子が宮武の最後の妻となった。

外骨が八十歳になったころ、斎藤昌三が「あっちのほうはまだ大丈夫ですか」と聞いたところ、「数は少なくなったが、まあね」と答えた。外骨は精力絶倫であり、年齢の差は、二人の生活に支障をもたらさなかったのである。

「死体買取人を求む」

これまで紹介してきた猥褻関係の著作のほかに同傾向のものとしては、『売春婦異名集（一名笑う女）』（大正十年）、『旦也《たんや》（男女性器の研究）』（大正十四年）、『寂滅為楽考《じゃくめついらく》（よがり声の研究）』（大正十五年）などがある。

外骨の研究によるとエクスタシーに達したさい「死ぬ死ぬ」と女性が叫ぶのは日本にだけ見られる現象ではなく、中国・欧米諸国でも同様であり、たとえば中国では「我死了《ウオスーラー》」イギリスでは「ユー・キル・ミー」などがあると教える。また、なぜ死につながる「よがり声」をあげるかについて『寂滅為楽考』で次のように推論を展開している。

「武道教者の説には、男女の交接は寿命を亡す基であるから、その佳境に達すると、死の観念が起って慟哭するのであると言うが、これは、『泣く』を悲哀の声とした説であって正当の見解ではあるまい。よがり泣くと称するのは、発生の類似から言っただけの語で、慟哭の意義は含まれて居ない。昔の文弥節《ぶんやぶし》が悲哀の曲でないのと同様によがりの真義は叫快である。然らばこの哲理如何と言うに、人の臨終は諸神経が麻痺して無苦痛であると言うが、至上の快感で涅《ね》槃《はん》無我の境に入った無意識状態に成ると、死の観念が起るのは、無苦痛の死（快感）を表すものであるらしい。若しこの説を当らずとすれば、これも生物学的に見て、生殖の本義に達し『これで人間の目的を遂げた、我は死んでもよいもの』という、新陳代謝の挨拶であろうか」

なお、同書に江戸・明治期の川柳・狂句から「よがり声」をうたいこんだ句が採集されているので、そのいくつかを参考までに披露してみよう。

おッかあが死んじゃあいやと坊は泣き
アアもう死にますで御曹司は生きる
死んでも命のあるように女房させ
おや夕べおッかあ死んで活きたのか
死ぬ死ぬと泣いて嬉しき床の海
行きそうになるとあれ死にますと泣き
私も行くよ死にますと後家の夢
死にます〳〵と無病で夜は泣き
死にますとは仏に済まぬ後家
死にますに姑は息を殺しておる
死にますというは女房の夜病なり
悪い癖ああ死にますとすすり泣き

死にますと云われて抜身ぐっとつき
朕はもう崩御々々とみことのり
儒者の妻ああ歿します歿します

なお、セックスを直接のテーマとはしていないが、奇態・変態を調べ論じた著書に『奇態流行史』（大正十一年）、『私刑類纂』（大正十一年）、『賭博史』（大正十二年）などがある。『賭博史』は采《サイ》ばくち、骨牌ばくち、籤ばくち、動物ばくちなど数十種の賭博の実態と史実を明らかにした画期的な賭博研究書である。日本の政治的経済的支配層が博徒を左翼対策用の闘士？　に利用する時代の動向を皮肉ってその自序で外骨はこう述べている。

「佐藤中将が統率する〝大きな拳〟たる国粋会員は、思想悪化の抑制団として国家に尽す所がある位だから、此『賭博史』がヨシ博徒以上の書物としても、何とか利用の途をつければ、国家の益にならぬ事もあるまい、仮りに発売禁止で印本を差押えられるものとしても、其紙屑代は国庫の収入に成るのではないか、いつも不穏な戯言を吐く男だと、苦笑するお方もあるだろうが、こんなことを云いたがるのがワタシの病癖、恰《あたか》も博奕打がバクチを止められないのと同じである……。

廃姓外骨」

外骨は奇態・変態の論究を行なっただけでなく、これまで述べてきたように自らの生そのものを奇態・変態化させた人といえよう。外骨はそのようなエピソードにこと欠かないが、大正十三年十一月四日付の『朝日新聞』に「死体買取人を求む」の広告を出したのもその一つである。

「当年五十八歳になってもマダ知識欲の失せない古書研究者、探して居るものを一々挙げれば、新聞全紙を埋めても足りない。それよりか自分一身上の大問題に就て探して居るものを申上げる。亡妻の墓を建てない墳墓廃止論の実行、……今は一人身で子孫のために計る心配はないが、ただ自分死後の肉体をかたづける事に心配して居る。友達が何とかして呉れるだろうとは思うが、墓を建てられると今の主張に反する。自認稀代のスネ者、灰にして棄てられるのも惜い気がする。そこで此死後肉体を買取って呉れる人を探して居る。但しそれには条件がつく、仮りに千円（死馬の骨と同額）で買取るとすれば、其契約と同時に半金五百円を保証金として前払いに貰い、あとの半金は死体と引換（友達の呑料）、それで前取りの半金は死体の解剖料と骸骨箱入りの保存料として東大医学部精神病科へ前納して置く、故に死体は引取らないで、直ぐに同科へ寄附して宜しい。半狂堂主人の死体解剖骸骨保存、呉秀三博士と杉田直樹博士が待ち受けて居る筈。オイサキの短い者、至急申込を要する」

この広告は東京朝日新聞社学芸部から、外骨に何か探しているものがあったら広告してあげるといわれ、無料で広告した。現在でいえば『週刊新潮』の「告知板」に相当するといえよう。ところで、広告の結果だが、粋狂な人がいて申込んできた。ただし「買いたいが只今すぐ前金を払込むに差支えるから暫く待ってほしい。手附金として十円だけ送る」との条件がついており、結局、契約は成立しなかった。

現代に生きる反権力の姿勢

サブ・カルチャーに異常と思えるほどの関心を示し、次から次へと権力と権威を嘲笑する著書を外骨は刊行したが、単に好事家の間だけに彼の著書が歓迎されたわけではない。『川柳語彙』『筆禍史』『私刑類纂』などの著書を高く評価する学者もいた。谷沢永一関西大学教授は外骨を論じた文章で「余人の企て及ばざる特異なテーマを次々と設定、格式ばって硬直した既成学問の盲点をあざやかに衝く立案の才能は類例を見ない」と述べている。この文章は外骨の死後、約二十年たった昭和五十二年に書かれたものだが、外骨が活動していた時期に同様な視点からその研究成果に注目した学者に吉野作造、中田薫らがいる。吉野は『中央公論』（大正十二年一月号）の「時評」欄で次のような宮武外骨論を展開している。

「吾人の研究欲をそそりつつ同時にまた趣味欲を満足せしめた点において外骨君の『私刑類纂』を推奨しておきたい。外骨君は変った物識りとして知られて居る。……論題の着想概《おおむ》ね人の意表に出ずる。徒《いたず》らに奇を衒《てら》うに似たりといえども、常人の思い及ばざる境地に研究の辣手を触るる点に於て君もまた当代得易からざる学者と謂うべきだ」

またきびしい学風をもって知られる中田薫は、法制史家としての立場から『私刑類纂』を「叙述の形式や編別の立て方からはいろいろ問題はあるが、いわば法学を学ばない人が書いた法制史というべきもの」と評価した。中田は在野の研究者としての宮武の才能を高く買い、東京帝国大学法学部嘱託として迎えいれ、大正十三年一月から、外骨は「江戸時代制度・風俗・言語」の調査研究を行なうため、週に二回、勤めに出ることになった。現在の東大の権威主義的体質からは、とうてい理解できないセンセーショナルな人事であり、時代が下降するにつれてますます東大の教官たちに人物が消滅していった事実を物語っている。

もっとも、ツムジマガリとして知られる外骨は、承諾するまでに東大側の担当者にゴネている。それというのも、履歴書を書いて提出するようにといわれたからである。形式主義は外骨のきらうところだった。

「いったい学校がわたしに頼むのか、それともわたしが学校に頼むのか」

と履歴書を書くのを拒否したのである。困り果てた東大側は、「明治十九年以来江戸時代の文芸、歴史の著述に従事し目下もなお継続す」と認めた文書を示し、両者の面目がたつようにと配慮した。それでも外骨は、内心、不快の念がおさまらず、ベソをかくような思いで捺印した。

『私刑類纂』はリンチの起源、定義、利害を論じながら、実例を類別して解説を加えた作品であり、外骨はその自序で執筆動機・目的を次のように述べている。

「古今内外いずれの国に於ても私刑は行われ、文明国と称する欧米各国にも私刑の行われざる所なし……現に我国に於ても鉱山及び水電工事場に監獄部屋の存在を黙許し居るにあらずや。又昨今、各地にバッコせる国粋会員は政府が委任せる私刑目的の制度機関と云うにあらずや、斯くの如き有害の私刑と共に文明有益の私刑も亦各地に於て盛に行われつつあり、此私刑の公行せる世界、私刑類纂の編述公刊、これ奇にして妙なりとせんか。

……予は法学者にあらず、法学者にあらざる者が、私刑類纂を編述するは不適任なりと難ずる者あり、……然れども、私刑は国家的法律に拠るにあらずして社会的制裁の随意行動なりとせば、私刑類纂は法律書にあらず、又法外法理を論究せんとする専門書にもあらず、要するに本書は読みて面白く、聞きて珍しき刑罰外の刑罰事実を蒐集する、興味本旨の考古的現実的娯楽の著書なり、之を法学者外の予が論述するに……何の畠違いならんや。あまつさえ古今の法学者中、誰一人として此書を論述する者なく、幾多の私刑事実をも度外視して顧みざりしにあらずや」

著書を通じて学者と知りあったことが機縁となって、外骨は大正十三年十一月に設立された明治文化研究会の同人に吉野作造らと共につらなった。その成果は『明治文化全集』全二十四巻の刊行として実を結んだが、外骨個人としては『明治奇聞』全六巻を大正十四年から刊行し、さらに『文明開化』全四巻も平行して出版した。それだけにとどまらず、『明治表裏叢書』を企画し、『明治演説史』『明治密偵史』『明治史料』などを続々と刊行した。企画だけで陽の目をみなかった「明治もの」としては、蓄妾史、筆禍史、恐喝史、政商史、外軟史、流行史、暴富史、暗闘史、賄賂史、暗殺史、珍劇史、邪教史、珍奇裁判史、陰謀露顕史、文学側面史、財政困難史、農民暴動史、士族零落史、貨幣贋造史、旧守家列伝、変節家列伝、新聞雑誌年表、近世物議論集、福沢諭吉攻撃全集などがあり、プラン・メーカーとしての能力が抜群であったと感歎させられる。

外骨には、束縛をきらう野生の血が流れており、ことなかれをモットーとしてアカデミズムの世界に生息している学者では、とうてい思いも及ばない発想の持ち主だったことが理解されよう。反権威・反権力に生きた外骨の面目は、幸い陽の目を見た『明治演説史』の跋文に躍如として躍っている。

「本書を通読せし人々は本書を明治の専制政府罵倒論と見るであろう。曰く見て宜しい。……罪悪罵倒は著者の天職とする所である。政府を罵倒すること何の不可があると云いたい。……昔は泰平の世という語もあったが、古今内外そんな瑞代は無かった筈である。泰平の世など云ったのは、支配階級者に阿諛する者の語でなくば、無智盲従の徒輩が自己を解しないでの戯《たわ》言《ごと》に過ぎない。されば政府を謳歌する民は亡国の民であると云い得る。……従来世間に多い明治政府謳歌史的の雑著と、此明治政府罵倒論的本書とを併せて読む人々が多くあれば、著者は著者の天職を尽し得たものとして、懐中をさすりつつ悦ぶのである」

外骨がこの跋文で展開した論理は、昭和の聖代？　にも依然として適用できる。世ノ中少シモヨクナッテイナイ事実の現われであり、外骨の指摘の正しさを物語っているといえよう。たとえば、もし外骨が生きていて地獄的様相を帯びだした公害問題、あるいは三里塚の空港反対闘争に接したら、どのような論陣をはることだろうか。少なくとも既成革新政党のような鈍い反応を示すことはあるまい。また、書き手として外骨の衣鉢を継承している者といえば、見渡したところほとんど絶滅しており、わずかに指おり数えるぐらいしか見当がつかず、頼りないかぎりである。

不滅の業績「明治文庫」

昭和二年二月、東京帝国大学付属明治新聞雑誌文庫が創設され、六十一歳になった外骨は、その嘱託事務主任となった。石川島監獄でクサイ飯をたべあった仲の瀬木博尚が広告業者として成功し、彼の経営する博報堂の三十五周年記念を前にして、どんな記念事業をやったらいいかと外骨に相談を持ちかけたところ、新聞雑誌を保存する文庫を設立しないかとの示唆を受け、明治文庫が東大構内に誕生することとなったのである。

新聞雑誌の広告取次業として発展してきた博報堂にはうってつけの記念事業であり、また新聞雑誌の収集・保存・研究は外骨が最適任者であった。瀬木博尚は外骨を責任者とすることを条件に東大へ二十万円を寄付した。そのころ、中央図書館の館長をしていた姉崎正治は、外骨の東大入りを反対したが、東大法学部長の穂積重遠、吉野作造、中田薫らの有力教授が強力に外骨を推薦して、東大入りが実現したのである。外骨は昭和二十四年、八十三歳にいたるまで、嘱託とはいえ、明治文庫の実質的運営者として働くこととなった。

明治文庫は、今日東京大学附属の名を冠して聞えているが、実質的には宮武外骨氏以外の人ではなかなか出来なかったであろうと思われる一大文化事業であったと、私は今でも固く信じている。……明治以来の新聞雑誌の保存収集がいかに骨の折れる困難な大事業であるかということは、その局に実際当ったものでないとわからない。新聞雑誌を好むこと何物よりも甚しい外骨なればこそ、しかも氏の献身的努力があったればこそ、それが出来たのである。

筑摩書房の『明治文学全集月報』三十六号に寄せた柳田泉の一文である。外骨は事務主任になると、和服で「東京帝国大学」と書いたリュックサックを背負い、杖をついて日本の各地区を旅して回り、資料の収集にあたった。個人が持っていたら、おそらく散佚してしまう新聞雑誌がこのような外骨の苦労の結果、保存されることとなり、後世の研究者の役にたつこととなったのである。そうした一人の歌人の鈴木国郭は「『短歌（角川書店）の『迢空・折口信夫特集号』（昭和四十八年十一月）に発表できた『大正初期の迢空・折口信夫の未発見資料』は、外骨の努力で『日刊不二』（大正二年、三年）が整理保存されていたためのお陰である。いまから六十年以上も前の大阪での発行の新聞が、東京にあったとは、まことにありがたいことであった」（『宮武外骨解剖』所収・崙書房）と述べている。

反政府、反官僚を旗印として掲げて生きてきた宮武が東大に就職したのは、矛盾もはなはだしく、ヤキが回ったと批判する者もいたが、現在の時点でその功罪を点検するならば、当然のことながら功のほうがはるかに多い。また、外骨が文献の収集・研究に専念しようと思いたったのは、明治文庫が設立されるとの話が持ちあがってからではない。『筆禍史』の改訂版が大正十五年七月に出版されたさい、その跋文でこのような心境の変化を吐露している。

「さて予は三年前にフト古本を買い始めたのがモトで、現代の事に就て彼是と不平をいうのがイヤになって一昨年の冬以来は従来の雑誌編集を止め、又今春は一切の関係をも断って、専ら古い方面に全力を注ぐ事にした」

とはいうものの、全く牙を抜き去ったわけではない。昭和五年十月から、『公私月報』を刊行し、昭和十五年三月まで発行し続けている。文庫の公務報告と外骨の私見私事を発表するところから『公私月報』とネーミングしたのである。読者は二百人ぐらいで毎号、赤字が続いた。公私混同といっても外骨の場合、私の財を公につぎこんだのが実情である。

明治文庫は東大教授の紹介状を持たない部外者には閲覧させないとの内規があったが、外骨は『公私月報』の購読者には、おおっぴらに閲覧させていた。文庫を私物化し、大学の秩序を乱すとの批判が起きたが、外骨はこのような形式・権威に囚われている者たちに「公私混淆は私の表看板だ。私情が交じればこそ古新聞の蒐集と保存に昼夜を忘れうるのだ。その仕事の貴重性と外骨の努力に理解があれば、コーヒー一杯の価にすぎぬ月報代など問題にならぬはずである。いやなら見に来なければよいのだ」（『みすず』西田長寿「明治新聞雑誌文庫の思い出」所収）と答えて、まともに取りあわなかった。象牙の塔という名のヌルマ湯的領域に生息している者と修羅場をくぐり抜けてきた外骨では、迫力が違うし、外骨はとうとう公私混同を貫き通した。

貫き通した猥褻主義

日本に狂暴なファシズムの嵐が吹き荒れていたころ、外骨は東大にたてこもって文献の整理・保存に当たり、昭和十六年に研究の成果を『府藩県制史』としてまとめ、出版した。外骨が当時の金で一万円ぐらい出して三府四十三県一道の関係書類・図書千余冊を集めて編述した地方政治資料である。

戦時中の外骨は古新聞・雑誌の整理にあきると、魚釣りによく出かけた。彼の行先は海ではなく、もっぱら渓流であり、人跡の途だえた山奥の清流で一人釣糸をたれた。軍靴の響きが高まってくる御時世に外骨は背を向けていたのである。このころから外骨は手紙の末尾に「昔とった筆つかの猛者、今は天下無類明治文庫の要人、悪く言えば東大の飼殺し、銃後の配給品食い潰し部隊——とぼね」と署名するようになった。また、外骨は時世を諷刺する川柳をいくつかつくって欝屈する思いをわずかになぐさめている。

新聞は迎合　飛語（デマ）は反戦よ
前線は修羅道　銃後は餓鬼道
肉弾の増産「産めよ殖やせよ」なり
三食を二度粥にして尚足らず
今が儲け時なりという諸役人
あるものはペラ札ばかりのカミの国

昭和十九年末に外骨は東京都下の南多摩に疎開していたが、敗戦とともに都心に舞いもどり、明治文庫の一室に寝起きしていたが、瀬木博尚の嗣子で博報堂の二代社長となった瀬木博信から東京・本郷の東大の近くの追分町に四畳半と二畳と台所の家を寄贈されて、それが外骨のついの住居《すみか》となった。戦時中に比べれば、はるかにゆるやかになった「言論の自由の時代」を迎えた外骨は、蔵六文庫という小出版社を設立して敗戦の翌年の五月に『アメリカ様』と題するパンフレットを出版した。

「日本軍閥の全滅、官僚の没落、財閥の屏息《へいそく》、ヤガテ民主的平和政府となる前提、誠に我々国民一同の大々的幸福、これ全く敗戦の結果、此無血革命、痛快の新時代を寄与してくれたアメリカ様のお蔭である」

と手放しでアメリカ礼讃をぶちあげといて、そのくせ生来の皮肉もこめて、このような文章で結んでいる。

「著者、戯れに『半米人』と称す。今年齢八十歳、米寿は八十八、下の八が足りない。そこでアメリカ様の半支配下、半米人と自称するのである」

アメリカ占領軍を日本共産党が解放軍と錯覚していた時期の文章であることを思えば、卓見といえよう。また、外骨はこの年、つまり昭和二十一年の年末に『大逆事件顛末』を龍吟社から発行し、反権力的姿勢が健在であることを示した。なお、二十七年に自家版の『川柳江戸姿』を発行している。敗戦後の外骨の文筆活動で注目すべきは、朝鮮動乱を前後として、自由が再び失われていく時代の流れをしっかりと見すえていた点であり、そのシャープな感覚は八十を超えた老人のものとは思われない。なお、このころ外骨は「思想的には何か」と聞かれると「まず猥褻主義です」と答えていたという。いうまでもなく「猥褻主義」とは彼にとって反権威・反権力・反偽善主義の別称でもあった。

外骨の晩年期、最後の妻となった能子の甥にあたる吉野孝雄氏（千葉県立小金高校教諭）は、本郷の誠之小学校に通うため、本郷・追分町にあった外骨の家に同居したことがあるが、少年の目に映った外骨老人の印象をこう述べている。

「外骨は心の優しい老人であった。早くに夫を亡くし、経済的にも精神的にも貧しかった私の母に伯母に内証で援助を与えたり、私の父が亡くなった時は涙を流して悲しみ、以後の私の生活を案じてくれたのであった。私が伯母の家に世話になることになった背後には外骨の心遣いがあったのだと思うと、外骨の人間としての優しさを思わずにはいられないのである。又時には私が躾の厳しかった伯母に叱られている折などには、必ずと言ってよいほど助け舟を出してくれた。病床にあって使い途のない金を根津神社の祭礼の時などに『孝雄ちょっとおいで』と言って当時は大金であった千円札を渡してくれたりもした。……早くに父を亡くし、祖父の顔も知らずに育った私にとって外骨は本当に祖父のような存在であった。……一生涯、子供運に恵まれず、家庭的にも決して幸せではなかった外骨は子供が愛しかったのだろうと思う」（『宮武外骨解剖』所収・崙書房）

民衆の子、宮武外骨はその女性遍歴のモロモロを除けば、社会的弱者の立場に絶えず自分の身を置こうとしていたことがわかる。

昭和三十年七月二十八日の早朝、妻の能子とその妹、妹の子の吉野孝雄氏の三人にみとられながら、外骨は静かに息を引きとった。「折しも例年にない暑さが東京の街を襲っていた」と臨終の日を吉野孝雄氏は追想している。宮武外骨の戒名は、「質直院外骨日亀居士」。「死んだら骨を粉にして富士山の頂上から撒いてくれ」と外骨はいっていたというが、その遺骨は東京・駒込の染井墓地にひっそりと眠っている。

伊藤晴雨

非体制の責め絵師

責めの世界

いきなり余談で申しわけないが、竹久夢二の「宵待草」は星スミレ調にかこつけた革命待望の怨歌であるという。

待てど暮らせど来ぬ人を
宵待草のやるせなさ

竹久の絵はアナキスト、コミュニスト、リベラリスト、とりたてて思想のない人などを含めて老若男女を問わず、幅広くファン層が広がっている。たとえていうならば『赤旗』から『自由新報』、あるいは原理運動系の『世界日報』の文化欄で評価されてもおかしくない絵である。ところが、この竹久に女を寝取られた伊藤晴雨の絵のファンとなると数少なく、おそらく半永久的に『赤旗』はもとより、カゲキ派系の機関紙でも伊藤の画業が称讃されることはまずあるまい。

理由は簡単である。伊藤晴雨は女の責め絵に取りつかれた画家だからである。活動した時期は明治末から大正、昭和にかけてであった。二・二六事件が起きた大雪の朝、晴雨は女をはだかにして雪責めの写真をとっていた。二・二六事件以後、ご承知のように軍部の力がさらに台頭することとなり、日本は危険な軍事的冒険に踏みきり、結局、敗戦という事態を招くこととなるのだが、女の責め絵にとりつかれていた晴雨にとっては政治状況がどうしたこうしたということは雑音にすぎなかった。当世風に表現するならば「カンケイナイ」ということになろう。

晴雨の画業とその生きざまにひかれていた美術評論家の一人に先ごろ窮死した石子順造がいるが、このエピソードを聞いて「感慨押えがたい」と述べ、晴雨の過激な「遊びの精神」を評価したことがある。晴雨は反社会的といわれようと何といわれようとも徹底して自分の好みに執着し、そのおどろおどろした責めの世界に溺れこむことで世俗を超越し、人間存在の深淵をかいまみさせるような作品と生き方を示した絵業師といえる。

書誌研究家の斎藤夜居氏は、伊藤晴雨のプロフィールをこのように述べたことがある。

「晴雨は小男で身長五尺一寸ぐらい。小肥りで顔が大きく見えた。満面の無精髭《ひげ》や大きな口を開けて笑う時など人なつこい感じが滲み出て、童顔そのままで晩年に至るまで変らなかった。そして、人一倍も濃い眉を動かしながら、厚い口許から無数に飛出す駄ジャレがお家芸とも称すべきもので、生粋の江戸っ子らしい座談好きだった」

伊藤はアブノーマルな世界にひかれた人だが、暗い粘液質的な性格ではなく、ことに晩年は人づきあいのいいひょうひょうとした人物であったことがわかろう。

愛人は縛りのモデル

ところで、またまた余談に入ってしまい恐縮してしまうのだが、しばらくつきあってもらいたい。野坂昭如さんの説によると、春本を書くのはむずかしく、男子一生の仕事になるといい、たとえば作家の立原正秋氏の理想は死ぬまでに一冊の春本を書きあげることだと紹介している。

なぜ春本を書くのがむずかしいといえば、食通の文章がむずかしいのと同じ原理が働くからだという。たとえばサシミを食べてうまかったと思っても、さてどんなふうにうまかったかを文章で表現するのは至難であるというのだ。それが春本になると全編、このようなネックにぶつかり、作家の力量が問われてくると教え、野坂昭如さんは今東光との対談で、次のようにいっている。

野坂　春本ほど上手、下手の出るものはないんですからね。

今　ない。しかり。

野坂　たとえばおまんこを書くというのは、絵なら今先生の画才をもってすれば楽かもしれない。だけど。いざこれを文章で書こうと思ったら、あんなややこしいものはない（笑い）。オチンチンが中へ入っていくときの感じにしたって、何ていうか、しめつけたでもないし、あったかいでもないし、ガバガバでもないし、えもいわれぬ感覚でしょう。これほどむずかしいものはない。……いまのところは、ここから先は書いちゃいけないということで、もやもやと書いていられるけれども「ハイ、どうぞお書きください」となったら、さあ大変です。女房のあそこを開かせてのぞきこんで、「ウーン、これは何色というんだろう」（笑い）。

今　研究せんならん。

野坂　暗紫色ともいえないいんですね……。これは何にたとえればいいのだろう、なんて考えこんだり……。

ごくふつうの書き手ならば、野坂さんがいうようにさしずめ研究対象に選ぶのは、手っとり早く、妻か愛人ということになろう。晴雨が竹久夢二に寝取られた女性は、愛人であり、彼の研究対象でもあった。この時点で本妻は別にいた。もちろん、晴雨の関心事は本妻よりも、研究対象にしていた女性のほうに向けられており、愛人とはいえ、晴雨にとっていわば「心の妻」であった。もっとも晴雨の場合、主として関心を寄せていたのは、彼女の肉体のほうなのだから「肉の妻」と呼ぶべきかもしれない。ともあれ、晴雨の最初の本妻は、彼の「性的実験」に応ずるような女性ではなかった。また晴雨の側からいえば、そのような実験に誘いこむ意欲を最初から失ってしまうような女性だった。

ところで、「肉の妻」のほうだが、彼女は岡倉天心の弟が経営していたモデル・クラブのモデルで、秋田生まれの色白の美人だった。徳田秋声のイロ女だった山田順子と似ており、画家たちの間で淫婦としての誉れ？　が高く、母親が納豆売りだったので、彼女を使う画家たちから「納豆屋のカネちゃん」とか、「嘘つきおカネ」といわれていた。

カネは晴雨のモデルとなる前に日本美術院の院友である戸張孤雁の縛りのモデルとなった経歴を持っており、晴雨にとっては、おあつらえ向きの女性だった。晴雨はモデルとなるべくならば、肉体関係を持つにかぎるとの説をもっていた。なぜならば、モデル嬢がビジネスとしてモデルをしている場合、縛られてもお義理で縛られているだけであって情欲の切迫感が表情にでてこないからであるという。

「女の責場のモデルには、情欲の伴うもので、私のモデルの全部がしかりとはいえないけれども、その一部は私の妻であり、私の情婦であることを公言して恥としないのである」（『今昔篤談』〈ぼくのおもいでばなし〉「ドキュメント日本人・アウトロー編」所収・学芸書林）と晴雨は述べたことがある。世間から批判されると「大学の教壇に立って一夫一婦を説く人が暮夜密かに妾宅を訪い、忠君愛国主義の国民史の著者が、日本有数の春画の所有者なるを思わば、私の正直にいうところのモデル関係説のごときは、電燈の前の螢火のごときもの」と晴雨は開き直った。

小池夢坊氏が晴雨に「君の責めは、絵の研究のためか、それともアレだけの目的のためか」と聞いたところ、「聞くだけやぼというものですよ。もちろん両方ともです」と晴雨はこたえたという。したがって晴雨とモデルのカネができあがってしまうのは「歴史的必然」であった。

晴雨とカネはどのようにただれた生活を送ったのだろうか。ボク自身が濃密に書きこんでサービスしてもいいのだが、野坂さんが見すかしているようにそうした情景を描けるだけの力量はボクにはない。そこで、ここではズルをきめこみ、木村勝美氏の文章を引いて代えてみたい。

「カネ、今日は縛りはやめだ。お前の陰《ほと》が描きたいんだ。素っ裸になって、ここに寝てくれ」

……カネは一瞬驚きの色を目に浮かべたが、すぐにそれはうるんだ色に変わり、淫蕩な血が騒ぐのか、衿足から頤《おとがい》にかけて、さっと刷毛ではいたようにピンク色に染まった。

……晴雨はカネの足元にどっかと胡座《あぐら》をかき、つっと手をのばして、絵筆の尻で腰巻をはねあげた。薄い飾り毛にくまどられて、朱の絹糸のような線がはっきりと見え、そこだけが別の生物のように呼吸している。

「明かりの陰になっちまって正体がわからねェよ。ちょいと腰を開き加減にしてくんな」

「あんた、どうにかしておくれな。こう体がほてっちまっちゃ我慢ができないよ。蛇の生殺しはいやよ」

カネは晴雨に自分の体の深奥をこうしてじっと見つめられていることで、強い刺激を受け、体のうずきをどうにもおさえようがなかった。晴雨は鼻面を接するようにしてのぞきこみ、淡紅色の肉のひだ、その奥、そして全体を包みこむように彩っている飾り毛の一線一線を丹念に描いた。

……こうして二人は飯も食わず、腹がすけば一升瓶から酒を飲み、鯣《するめ》を噛んでは睦み合い、女陰をさらし、絵筆を運び、ただれた関係を三年続ける……。

(「最後の〝責め絵師〟伊藤晴雨伝」『宝石』昭和五十年七月号)

晴雨自身によれば、こうして出来あがった作品は「微に入り細をうがって一線ものがさず、ヨニの奥底まで実物大の細密描写、三十巻」に及んだという。晴雨とカネとの生活が中断されたのは、前にも述べたように竹久夢二にカネを寝取られたためである。愛人兼協力者を失った晴雨にとっては、当然のことながら不本意な出来事だった。だが、晴雨は、

「女ってぇものの心理まで観察しつくしたんだから、夢二君に寝取られましても、まあ滓《かす》みたいなもんでございますよ。そう諦めますれば、くやしくもありませんでしたよ」

と負け惜しみをいって平静さを装っていたという。

サディズムの原体験

晴雨の本名は一《はじめ》で明治十五年三月二十一日、東京・浅草の金龍山下瓦町で生まれた。父の錠太郎は旗本の次男坊で彫金師だった。晴雨は小学校に入学する前から早くも画才を現わした。六歳のころ、芝増上寺の貫主をつとめ、明治期の代表的名僧といわれた福田行戒の前で龍の絵を描いて、「この子は将来、名をなすような人物になる。もし僧侶になれば、名僧となるだろう。私の手もとで育ててみたい」といわれたという。

長男だったので、父の錠太郎は晴雨に家業を継がせなければならないからといって、福田行戒の申し出を断った。行戒が予言するように、もしひとかどの人物になれるなら、なおさら家業を継がせねばならないと欲がでたからでもある。後年、晴雨は、この時の父のとった態度に感謝して自伝でこう述べている。

「その時、僧籍に身を投じていたなら、責めの研究なんて勝手なことをして酒と女を対象物にして、縛られた女ばかり何千何万枚かくようなことは夢にもできなかっただろうから、坊主にしてくれなかった父に感謝しなければならない」

晴雨に家業を継がせようと考えていた父の錠太郎は、彼が小学校に入学すると放課後、光琳派の画家の野沢堤雨の画塾に通わせた。この画塾には後に久保田万太郎も入門しているから、絵の面では晴雨は万太郎の先輩といえる。

このころから、晴雨は女の髪の毛の乱れをみたり、女の髪の油の匂いをかぐと、早くも性的興奮を覚えるようになった。彼が小学校一年生のときの授業時間中、行儀の悪い生徒が先生に叱られ、黒板ふきを投げつけられるという出来事があった。ワッと泣きふした少女の紅ぬりの櫛が落ち、前髪がパラリと乱れ散るのを見て胸が高鳴った。サディズムの初体験であり、島田髷の乱れにひかれるようになった原光景となった。

その数年後、晴雨は母に連れられて本所の寿座に芝居を観に行き、強烈な印象を受けた。この時の狂言は『吉田御殿招振袖《まねくふりそで》』だった。吉田御殿内で小間物屋の伊助とひそかに逢いびきをしていた腰元の竹尾が御殿女中たちにみつけられ、割り竹で責められているうちに元結《もとゆい》が切れ、髪はザンバラとなり、竹尾はおくれ毛をくわえたまま、気を失う。伊藤少年はこの責め場を息を呑んで見つめていた。その後、『明烏《あけがらす》夢の泡雪』の遊女浦里の雪責めの場を観るに及んで、彼は性的陶酔を誘うサディズムのとりことなった。

小学校二年生のころ、晴雨はマッチをいたずらして、家の物置に火をつけたことがある。最初は、ちょっと燃やしたら消すつもりでいたのだが、風にあおられて炎が舞上がり、消すのにはとても子どもの手におえないと直感した彼は、母屋《おもや》に戻って縁側で酒を飲んでいた父に叫んだ。

「お父さん火事だよ」

「どこだ」

「家の物置だよ」

父の錠太郎は盃を放りだして、物置に駆けつけ、近所の人と一緒に消火にあたった。物置を燃やしただけで母屋への延焼はどうにか喰いとめることができた。父はこのことを一生ぼやき続けた。

「一《はじめ》のやつは家へ火をつけるようなやつだ。ロクな者にはならない」

名僧といわれた福田行戒の予言、いや人物鑑定眼もたよりにならないことがわかる。晴雨はその自伝でこう書いている。


「子を見ること親にしかず、まったく私はロクな者になれず、今日にいたった次第である」

晴雨の母のトラは旧高木藩の城代家老をしていた西村定中の妹で、晴雨の本名の一《はじめ》は、一は万物のはじめというところから定中が名づけ親になったという。トラや定中の母、晴雨にとっては祖母にあたる女性が戯作・読物のたぐいが好きで、柳亭種彦の『偽紫田舎源氏』などを晴雨にもわかるように解説してくれた。子どもながら晴雨は男と女の世界について知識を与えられたのである。

女の乱れ髪に異常な興奮

晴雨は小学校二年生の時に中退し、十二歳のころ、本所・相生町の彫刻師・内藤静宗のもとに年季奉公に出された。彼の雅号の晴雨は、絵の師匠であった野沢堤雨と彫刻の師匠の内藤静宗からとったもので、初めは「静雨」と名のり、後に「晴雨」と改めたのである。

おりから日清戦争が始まっており、世相は戦勝気分に包まれていたが、晴雨青年は「国事」に関心を持つより、祖母によって開眼された人情本の世界や絵草紙の世界に心をひかれていった。晴雨が師匠の静宗から渡される小遣いは月十五銭だったが、その全部を本代に回した。

幸い、静宗が読書家で博文館の『文芸倶楽部』や『太陽』の定期購読者であり、矢野龍渓や泉鏡花などの蔵書もあったので、晴雨は夜中ひそかに二分芯のランプをつけ、夜具戸棚の中にかくれて読書にふけった。

師匠が持っている本は全部読破してしまい、さらに読みたい念がつのった。近所に蔵書家の人が住んでいたので、なんとか借してもらおうと晴雨は早起きして、その家の前を掃除したり、井戸から水を汲みだして手桶に満たりした。

「もちろん一々断って行うのではない。だまって毎日やっている内に先方で気がついてくる。

その時に菓子とか小遣とかをくれるが、私はこれをおし返して、その代わりに蔵書の借覧を申しこんだ。先方では小僧の私が本好きだというのを感心して諸方から本を集めて貸してくれた。私はこれによって近松や馬琴を読んだ。この時の苦心は私が新聞記者となった時どんなに役に立ったかしれない」(『今昔篤談』)

本を読んでいるうちに、女の責め場が出てくると、その場面を描いてみたいと思うようになった。幼いころ、絵の手ほどきは受けていたが、いざ人物画を描こうとなると、どのようにしたらいいか見当がつかなかった。そこでまず新聞小説の挿画の模写から練習を始めた。読書の時と同じように夜具戸棚の中にもぐりこみ、ランプの芯をかきたてて、明け方まで描いた。そのため、昼間になると、仕事中に居眠りをするようになり、静宗から叱られたが、絵の練習をやめようとしなかった。晴雨はこのころから女の責め場の絵を集めだした。

「正直にいえば女の責め場に対して春情を覚えるようになったのは事実で他人は知らず、私は女の髪の毛と髷に対して――女の乱れ髪に対して――異常な興奮を覚えるようになった。私は女の責め場の絵を見て、それによって自慰の材料にしようとしたが、限りある小遣銭と限りなき欲望とは、終始一貫するあたわず、いっそ自分で女の責め場を描いて、胸の中へ衝き上げてくるような春情の発動を抑圧しようとした」(前掲書)

とはいうものの、やはり絵を描いているだけでは、春情は発散できなかった。東京市内に島田髷の女が数多く出盛る年の暮れに鋭利なナイフを持って女の髪を片っ端から切りとって、これを愛撫しながら、その匂いの中に寝て自瀆したらどんなにか気分がいいだろうと夢想しつつオナニーにふけった。

性のコンプレックス

二十四歳の時、年季があけた。あと半年、お礼奉公をして独立するのが当時の慣わしだったが、晴雨は女の責め場を描きたい一心からお礼奉公をせずに師の家を飛出した。実家に帰るわけにはいかず、二階借りをして、塩センベイの袋の版下をかいたり、おもちゃ用のポンチ絵を描いたりして、ともかく絵師としての生活を始めた。

友達に誘われて吉原へも何回か通ったが、一回として満足に女と遊べなかった。晴雨は包茎であり、入れたか入れないうちから漏らしてしまうのである。コンプレックスを抱いた晴雨はノーマルな性交渉をする代償としてますます女の乱れ髪やその髪油の匂いにひかれていった。

このころ、浅草七軒町にあった開盛座という芝居小屋から口がかかって絵看板を描くようになった。縦六尺三寸、横二尺八寸で紙と絵の具持ちで一枚の画料は八十銭だった。当時、下回りの俳優の給料は十三日間で五十銭だったというから、画料の八十銭は決して安くない。一カ月に二回の興行で、一興行に四枚の絵看板を晴雨は描き、月収六円四十銭になったのである。家賃が一カ月に二円前後、三食十五銭あれば、鮪の刺身が食えたというから、まがりなりに生計はたてられた。晴雨にとってこの体験は、生活費を単にひねりだしたというだけにとどまらず、後年、劇評を書いたり、舞台装置家として活躍する基礎をつくる上で役立ったのである。

こうした生活を三年送った後、晴雨は挿絵画家として帝国新聞御用達社の仕事をするようになり、それが機縁となって毎夕新聞社に入社した。月給は九円であり、晴雨の画運はようやく開き始めだした。彼は絵だけでなく、劇評も書くようになった。彼の劇評は大道具や舞台装置にまで目が配られており、伊原青々園主筆の『歌舞伎』に連載で書いた劇評が坪内逍遙博士の目にとまり、新進の劇評家としての声価も高まった。この『歌舞伎』に載った彼の劇評は、劇評というより大道具評に近く、その特異な文章に坪内が注目したのである。

「坪内博士が伊藤晴雨という人は何学校の出身ですかと早稲田出の某新聞記者に聞いたというが、まさか三年跡開盛座の看板描きである丁稚小僧上りとは博士も思われなかったであろう。事程左様に私の劇評は微に入り、細を穿ったものであった」

晴雨は毎夕新聞社をへて読売新聞社に入社し、月給は一躍十五円にはねあがり、そのほか車賃として十円、それに一枚六銭の電車の回数券百枚を支給されることとなった。入社手続きをすませて間借りしていた部屋に帰ってきた晴雨は「これで一人前」になったと思い、喜びがこみあげてきた。

生活が安定すると、彼に結婚話がもちあがった。劇評家の幸堂得知のすすめで、明治四十一年、二十八歳の伊藤は五歳年下の竹尾と新世帯を持つことになった。結婚を前にして晴雨の胸はあやしくときめいた。竹尾という名は『吉田御殿招振袖』の腰元と同名であり、思わずツバをのみこむような妄想がわきたった。

包茎だった晴雨は、結婚にそなえて神田・神保町の岡村病院で手術を受けた。一カ月四円五十銭で借りた下谷・練塀小路の河内山宗俊の旧宅といわれる家から毎日、神保町の病院まで通院したが、傷口の痛みがなかなか去らなかった。友人に相談すると「なあに、酒でも飲みゃすぐ治るさ」といわれ、酒を飲んだところ、せっかく癒着しかかった傷口が化膿してしまった。医者からは酒を禁じられていたのである。

手術を受け直し、電車で帰宅する途中、隣の席に美人が腰かけた。つられて晴雨は初夜の情景を思い浮かべているうちに、不覚にも如亀《にょきつ》と頭が持ちあがり、同時に袴の中で「パーン」と大音響がした。回りの乗客はびっくりして晴雨の顔と音のした股のあたりをかわるがわる見た。次の停留所で逃げるようにして降り、とびあがるような痛みをこらえて家にたどりつき、調べてみると、いくえにも巻いたガーゼが切れていた。変態性欲者といわれた晴雨だが、一生のうち、このときほど恥ずかしい思いをしたことはなかったという。

このような事故を起こしたため、結婚式の日、彼の一物の傷は完全に治っていなかった。そこで晴雨は「今夜は酔っているからやめる」といってごまかし、時をかせいだ。だが、翌日も治っていず、二日三日四日と引き延ばした。五日目の夜、亀頭の回りの米粒大の糸を抜いた穴にまだヨードホルムの粉が詰まったまま、勇をこして竹尾の女陰に踏みいった。

「私の偽らざる結婚第一夜の感想は率直に記せば、私の肉体が如上のごとき状態にあったために、何等の感激も何等も快感を感じなかった。今まで他人の話を聞き、先輩の話も聞き、三面記事等にある情話のごときあるいは殺傷事件のごとき、何によって、こんなつまらぬ行動によって生まれるのかと、不思議に思われ、むしろ結婚そのものがじつに下らぬものであるということしか考えられなくなって来た」（前掲書）

こんなことだったらオナニーのほうがはるかにいいと思った晴雨がようやく快感を覚えるようになりだしたのは半年後だが、そのころにはお互いの間に精神的なギャップが生じていた。

「趣味も性格も全く反対で、私が清元や常磐津を好めば、女房は薩摩琵琶を好み、私が鰻を好めば、女房は座禅豆を好むといった風に全部が反対である。

一事が万事そのとおりで、これにくわえ、性すこぶる頑固、まったく箸にも棒にもかからない女で、こんな女を女房にしたのかと時々情けなくなってくる。

出て行け、といえば、出すようにして出せとフテる」（『責めのコレクション』）

と晴雨はこぼしている。味けない夫婦生活が始まったが、それでも一男一女をもうけ、十年近くも暮らして別れた。「ほれてもいない女を十年も持っていたのは、女房のが蛸《たこ》であったせいで、顔さえ見なければいいと思ったことと、子供ができたためと、世間体と三拍子そろったいわゆる『面子《めんつ》』のためで今思えば、女の責め場の研究にどれだけ邪魔になったことか」（『今昔篋談』）

竹尾への不満から、晴雨はカネと結ばれることになったのである。だが、その竹尾もカネも大正八年の夏、相前後して晴雨のもとを去っていき、晴雨の手もとに八歳の男の子と五歳の女の子が残った。

妊婦を逆さ吊り

この年、早くも晴雨は新たな女性を後妻として迎えいれている。佐原キセといってカネと同業のモデルであり、「面立ちがほっそりと整い、切れ長の黒い瞳とツンと通った鼻筋は、ちょっと冷たさを感じさせたが、横顔やうつむいた時のうなじの美しさが際だった女だった」（木村勝美『伊藤晴雨伝』）と描かれているように美人だった。

キセは晴雨の性的実験に協力的であり、縛りや無理な姿態にも応じた。晴雨は縛っては描き、描き終われば抱いた。晴雨の場合、画業と性作業とは連動しており、極端にいいきってしまうならば、描くことも彼にとっては性の営みの一変形であったといえる。美術評論家の石子順造は、「晴雨にとって責めは、描くことの題材としてあったのではなく、それ以上に深く欲望の発露をともなって生の自己展開そのものにかかわっていた」との見方をとっている。

「この女が私の生涯では一番研究の土台になってくれた」と晴雨は語っているが、彼は描くだけでなく責め場の写真をとるようになった。写真をとるようになった理由の一つは、雪責めや逆さ吊りなど危険が伴う責めを行なうさい、ゆっくりスケッチする時間がないので写真をあらかじめとっておき、後で筆を起こすためであったという。だが、写真そのものの持つ迫真力によって写真は写真として独立した作品となり、マニアの間でひっぱりだことなった。晴雨は雪責めを写真でとるさいのコツをこのように教えている。

「雪のハレーションで印画が皮膚の色を黒くして、せっかくの苦心を無駄にしたり、長時間雪の中に坐らせたために寒さに堪え得ず、思わずピントをはずして失敗に終った。それからたびたび経験の結果、雪中の撮影には特種の方法を案出した。それは、撮される人物の場所に人間モデルを立たせず、他の物体たとえば函であるとか、ほうきであるとかを雪の中に置き、それにピントを合わせておいて、さて女の仕度ができ、十分に縛り、髪を責められたような壊し方にして、準備を完了した女をそのピントの場所に置き、女の身体に突然雪をぶっかける。もちろんこの場合は急に寒さを感じるのであるが、普通の写真撮影のごとく、長い時間を要することは絶対にないので、これで雪中撮影を失敗なしに行なうことができるようになった」（前掲書）

このような晴雨の要求に応じるキセは、いわゆる良妻賢母型からおよそかけ離れた女で、家事は内弟子にまかせっきりにし、昼近く起きて、長襦袢姿のまま、長火鉢の前にだらしなくすわり、昼酒を茶碗で呑むという日常だった。「女の責め場の絵は私にとってはマスコットであり、全生命である」という晴雨にとって家事をかえりみず、小市民的なマイホーム主義から縁遠いキセの性癖などとるにたりないことだった。

キセが身ごもり、臨月近くなると、晴雨は江戸時代末から明治の初期にかけて無残絵を描いて評判をとった浮世絵師の大蘇芳年の逆さ吊りの図を自分でも描いてみたいと心がうずいた。だが、危険であり、産婆に相談してみる必要があると思った。しかし、かりに危険でないとしても、道徳的に非難されることが予想された。女を逆さにして吊れば、悪いといわれるに決まっている——晴雨は酒を飲みながら考えているうちに「なに間違ったらそれはそのとき、ともかくやってみようじゃないか」と腹を決めた。「悪の華が咲いたのか、善の華が咲いたのか、そんなことを考える余裕はなくなってしまった」と晴雨は述べている。

おりから十畳の画室を増築中だったので、晴雨は大工に、天井をはらずに、梁《はり》をむきだしにしておくようにと命じた。滑車をつけて臨月の妻を吊るためである。キセに酔いにまかせて頼みこむと承諾した。麻縄を準備し、写真師に来てもらい、キセには髪の毛を乱して腰巻一つになるように命じた。

腹に手を当ててみると、ピクピクと動いている。晴雨はさすがにためらい、酒の酔いもさめかけてきた。いまさらどうしたものかと考えているうちに、キセのほうがすすんで増築中の画室に入っていった。いくらか気が軽くなった晴雨は、つられるようにして画室に入ったが、改めて高い梁を見あげ、どうやって身重の女を逆さ吊りにし、写真をとったらいいかとそのための工夫に思案が働いた。

女を床から、たとえ徐々にしても逆さに吊りあげていくのは危険だと晴雨は判断した。どうしたらいいのか。まず壁面に足場をかけ、足場の上に板を並べて、そこへあらかじめキセを寝させておいて、そこから逆さ吊りにすれば、いくらかでも危険性を減らすことができると晴雨は考えついた。準備ができて「一、二、三」でキセを逆さ吊りにし、写真師がマグネシウムをたいてシャッターをきった。時間にすれば一分とたっていないのだが、その一秒が一時間にも当たるように晴雨には思えた。

キセの身体を素早く、足場の板の上に載せて縄を解き終わった時、晴雨はどっと冷汗がでてきた。早速、現像してみて晴雨はがっかりしてしまった。決死の思いで撮影を敢行したのに写真師はキセだけでなく、足場や足場の上にいる大工までを撮影してしまい、肝心のキセは、鼠の死体のように小さくうつっているだけだった。

こうして再度、逆さに吊るして写真を撮り直したが、またしても失敗してしまった。逆さに吊るすと人間の関節がのびることを計算にいれておかなかったため、責め場には欠かすことができない髪の乱れが、レンズの外にはみだしてしまったのである。今度は写真師にまかせず、晴雨自身が写真機をのぞいていたので、シャッターを切らずに、キセをまた中段にささえる板の上に戻した。

三回目にようやく撮ったが、吊るしていた縄がぐるりと回ったので、側面しか撮れなかった。こうなったら破れかぶれだと晴雨は縄が回らないようにして正面から撮った。撮り終わってから、晴雨はぐったりしてしまった。緊張感の連続で、口をきく気力すら失っていたのである。この時、撮った写真は梅原北明主宰の『変態資料』誌の第四号（大正十五年十二月号）の口絵に掲載され、広く一般に知られることとなった。北明は無断で掲載したのだが、「梅原という男は罪のない男で腹も立たないと思った」（前掲誌）と晴雨は述べている。後年、性の研究家として知られる高橋鐵は、この晴雨の文章を「梅原北明なんて、月並な、罪のない男で腹を立てる気にもならない」と書きかえて発表した。自己顕示欲の強かった高橋が、同業の先輩の北明に対してライバル意識を燃やしていたことがわかって興味深い。

警視庁で描いた舞台装置

責め絵師としての伊藤の名が広く知られるようになったのは、斎藤夜居の労作『大正昭和・艶本資料の研究』（芳賀書店）によると、大正十二年六月、『サンデー毎日』に紹介されてからであるという。その三カ月後、関東大震災が起こり、挿絵や劇評を発表していた新聞社や雑誌社との縁が切れ、さらに舞台装置家としての腕をふるっていた芝居小屋が全滅し、晴雨の収入はほとんどなくなってしまった。悲運に見舞われて気落ちしている晴雨に追い討ちをかけるようにして居候をしていた小説家志望の青年とキセは恋仲に陥った。その現場を見てしまった晴雨は、原因は自分の体力の衰えにあるのではないかと考え、怒りをおさえて、いさぎよく家財道具ごとキセをその青年に呈上した。キセは青年がひく荷車の後を押しながら遠ざかっていった。

思えばキセは女房のような、情婦のような女であった。「女房とは半分は事務員で半分は情婦だ」

というのが、晴雨の持論だったが、晴雨は「事務員としての女房」の機能に家事能力を一般の男性のようには要求していなかった。キセとの場合もそうだが、生活にゆとりがあるさいは、お手伝いさんを雇って家事をまかせていた。

気前よくキセを青年に進呈してしまった晴雨だったが、十年も一緒に暮らし、彼の責めの研究のよき協力者だったキセがいなくなると、さすがに気落ちがし、長女に台所仕事をまかせて、一人で酒を飲んでいるとムシャクシャしてきた。

つい外で飲み歩くこととなり、晴雨は住居があった駒込・動坂近辺のカフェーで女給をしていたとし子を妻に迎えいれた。とし子は十七歳になる妹の千代子を連れ、チャブ台一個と柳行李一つという粗末な嫁入り道具をもって晴雨の家にころがりこんできた。とし子は青森県出身の女性で、晴雨によれば「温良・貞淑」な女性で、妹ともども責めのモデルになることをいやがらず、彼を喜ばせた。島田髷の似あうとし子は北国生まれであり、雪中で裸体になることを苦にしなかったので、雪責めの写真を晴雨は数多く撮った。妹の千代子は若くて肢体が柔軟で体力もあり、吊るし責めのモデルとして協力した。

「私なんぞは、生涯、いたずらの連続でございます」と晩年期の晴雨は酔うと口ぐせのようにいっていたが、昭和二年の元旦に彼が出した黒枠囲みの年賀状にまつわるエピソードがある。

大正十五年も押し詰まった十二月二十五日に大正天皇が亡くなって、年号は昭和と改まり、その七日後に昭和二年元旦を迎えることとなるのだが、前年の暮れに黒枠いりの年賀状が売り出された。晴雨は趣向をこらして、次のような年賀状を友人知己に配った。

この賀状を受取った六代目の菊五郎は早とちりして「ありゃッ、晴雨が死んだぜ」といって文配人に笑われたという。

このようなイタズラがこうじて晴雨は昭和五年三月、日比谷署に逮捕され、警視庁の留置所に放りこまれ、さらに東京・巣鴨拘置所で拘置されたことがある。原因は『論語通解』と題して春画帳を五十部、石版色刷りでつくったためである。版元となったのは、昭和五十二年に亡くなった有光書房の坂本篤である。『論語通解』はわずかに一冊だけ現存されており、法医学者の浅田一が亡くなるさい、高橋鐵に贈っている。高橋によれば、『論語通解』は孔子の古典的モラル『論語』をカリカチュアライズすればこうなる——という晴雨ふうの発想から描かれたもので、次のように解説している。

「第一図は鬼面の法界坊が『釣鐘建立』の幟《のぼり》片手に、おくめのような娘を荒縄で縛り上げたまま川端の木陰でおかそうとしている情景で、黄八丈の着物から露出してもがく肩や乳房や脚そして股間が実にういういしい。

第二図は夜暗の墓地で荒くれた男たち

晴雨伊藤一儀永々病気の所養生相叶本日より平生通り出精仕候間此段辱知諸君へ謹告仕候也

昭和二年一月元旦

右　伊藤　一

友人総代　相藻　不変
平々　凡々
其内何兎加
成増　津盛

が二人の若い女屍を掘り出し、争って抱きかかえたりしている四世南北流の舞台模様。硬直した女体の凄艶なさまに対比して、男根さながらの墓には『無駄摩羅屋於也加志居士』『差根奈賀信女』というバカげた戒名が彫られ、彼一流のイタズラの気をちらつかせている。

第三図は寂しい柳の川岸に男女の履きものと蛇の目傘がそろえられておかれ、川藻のそよぐ水面に、その二人の情死体であろう、おどろ髪の全裸で、しっかり抱き合い情交したまま離れない。晴雨が若い新聞記者時代に実見したイメージだった筈である。

第四図はなまぐさ和尚の屍姦。股をひろげた女のほうにヨニの画像を指さしながらお説教している坊主とリンガ仕立ての信者や蝋燭立ての図をマンガ風に描いている。……」(『性的人間の分析』秋田書店)

晴雨が逮捕されて困ったのは、数日後に初日を控えている新国劇の関係者たちだった。彼に舞台装置を頼んでいたからである。彼らは手段を尽くして警視庁に頼みこんだ。一方、晴雨のほうも気がかりでならなかった。思いきって取調べ官に頼みこむと、個人の犯罪と劇団の仕事とは別の性質のものであるとの見解をとって取調べ室で舞台装置を描くことを許された、晴雨はやる気になってやれば一日でできるのに、なるたけゆっくりと絵筆を走らせた。取調べ室では自由にお茶を飲んだり、菓子もつまめ、昼食は天丼や親子丼をとって食べることができたからである。

晴雨は甘味に飢えている同房の連中にも裾わけしてやろうと褌の中に氷砂糖を忍ばせて持ち込んだ。一同は晴雨を牢名主扱いにして感謝の意を表した。警視庁で十日の拘留期間が終わって釈放され、自宅に帰ったのも束の間で、その翌日、再び巣鴨の拘置所に連れていかれた。彼に舞台装置を描かせた取調べ官の態度は行き過ぎであり、さらに再調査するというのが、拘置される理由とされたが、当局の面子《めんつ》をたてるための報復行為であり、秩序を乱す町のいかがわしい責め絵師に実質的な刑罰を与えようとする意図からだった。拘置されているうちに、逃亡していた坂本篤が自首してきたので、罰金三十円で自由の身になれた。

出迎えに来た妻のとし子とタクシーで飛鳥山に行き、夜桜見物をして久しぶりの酒に酔って帰宅した。このころから妻のとし子は精神異常をきたすようになりだし、やがて家庭での生活を送れなくなりだした。発作が起きると、裸で家を飛びだしたり、茶碗を投げつけたりした。医師にみてもらうと脳黴であるという。上京する以前、貧しい家庭で育ったとし子は北海道の室蘭で娼婦をしていた経歴があり、潜伏性の黴毒におかされていたのである。とし子は武蔵野病院に入院し、三年後の昭和十年に狂死した。とし子の療養費に追われて、晴雨の生活は逼迫し、娘は柳橋の芸者に出て急場をしのいだ。

責め絵は社会の安全弁？

生活に追われながらも、晴雨はいっこうに生活態度を変えようとしなかった。責め絵用のモデルを捜すために東京の場末のカフェーや小料理屋を歩き回った。晴雨には長年の間につちかわれてきたカンのようなものがあり、たとえば、カフェーの前を通りかかるだけで、その店にはモデルになってくれそうな女給がいるかいないかがピンときたという。それだけでなく、五人いると思えば五人、三人いると思えば三人、それがピタリと当たった。

晴雨はモデル捜しに出かけるさいには、カメラマンを連れて歩いた。まず、これはと思うカフェーを見つけ、店に入り、女給がつくとその女に晴雨は「一の字」を書かせた。墨色占いのようなもので、字のくせや筆勢でその女の性格、経歴、健康、経済状態などを指摘し、それが不思議と当たり、女をびっくりさせた。こうしてまず相手の関心をこちらに向けさせ、ペースに乗せてしまうのである。

そのような状態にさせておいて芝居や映画女優の話を始めだす。芸能界の裏消息については、職業柄、晴雨は人一倍通じているので、女はすっかり聞きいってしまい、どのような人物か見当はつきにくいが、晴雨になみの人とは違う印象を抱いてしまう。ここまで状況をつくりだしておいて、晴雨はさりげなく、責め絵の写真を女に見せる。

「これからが秘中の秘であるが、その秘事を公開する。……女は元来十中の十まで陰虐性がある。多少の差はあっても、明烏の浦里や中将姫の雪責に喝采を惜しまない。残酷だからといって席をたつような女はまず絶無だ。よくきいた辛子と同様、泣き泣きほめる。この点を利用して『君が日本髪に結って縛られている写真をうつして見たまえ、キットほれぼれするよ』といったぐあいに持ちかける。最初は羞恥を感じるらしいが、おだてられるほど、女はうぬぼれが強くなり、たちまち『オーライ』とくれば、あとはしめたもので、たちまち画中の人としてしまうのだが、これらの女を縛るのが一つのコツで、以心伝心とでもいうか、みょうな色気を出してぐずぐずしていたらば、たちまち『あたしいやだわ、こんな事』といいだされたら万事おわりである。

カメラの前に立たせた女を一瞬のあいだに縛りあげる早わざは、筆舌のつくすかぎりでないから、これを筆にすることはできない。かくてこの写真を焼きつけてみせると、その後に来るものは、つぎつぎと異なったポーズを女から要求する場合が多い。その結果として、時にそれ以上に関係を結ぶ結果を生ずることも絶無とはいい得ないことを公開しておく」(前掲書)

このような手続きをふんで描かれた絵を、竹中労さんは「大蘇芳年、絵金を越えている」と評価し、石子順造は次のような讃辞の言葉を遺している。

「画家は彼女のかたわらで彼女を客観視しているのではなく、女を責める一人の男性になりきって同じ時空に立ちはだかっていよう。……後ろ手に縛られた全裸の女性の全面図……首筋から背中一面にかけて一挙にひろがった髪は紙面全体を占拠して、見ているぼくらの視覚を襲い、犯そうとさえするのだ。それは幻想にまで高められたリアリズムといえそうな迫力である」

晴雨は責め絵や春画にすぐれていただけではない。晴雨を論ずるだれもが指摘していることだが、晴雨はずば抜けて記憶力が強かった。その特性を生かしてつくられた作品に昭和二年から七年までかかって刊行された六巻ものの『〈いろは引・江戸と東京〉風俗野史』がある。

障子、行燈、玩具、飲食物、見世物、料亭、女風俗、岡場所などを絵と文でつづった作品だが、たとえば行燈一つとりあげても百を超える絵を描いており、江戸時代からの品形をそろえ、その考証を行なっている。風俗画家としてもすぐれた能力を晴雨は発揮しているのだ。

なお、この時期に描かれた責め絵集としては『女三十六気意（景）』（昭和七年）、『美人乱舞』（昭和八年）などが粋古堂から刊行されており、晴雨の秀作として知られている。

ところで春画や責め絵は反社会的な異端の芸術であると社会一般の通り相場になっているが、晴雨はこうした異端の絵があることによって、社会秩序のバランスが実はとられているのだと、次のように述べている。

「わたしのところへ来る多数の人々は、強姦を実行しえない人、いい換えれば社会道徳の上で常識の備わっている人々である。それらの人々も女を縛って強姦したいのであるが、そういうことをしたら自分の破滅であることを知って、絵画や写真によって、自分の脱線行為を抑制している人々があることは、私が過去数十年の経験によって明らかである。私の『縛られた女の絵』は社会的に一種の安全弁だと信じているのである」（前掲書）

とはいうものの、晴雨はまさか「社会の安全弁」をつくろうとして生活を破綻させながら責め絵や春画を描いたのではあるまい。このような屁理屈を並べるところに実は、晴雨の限界があるといえよう。

「猥褻であって何が悪い」と開き直った宮武外骨に比べれば、志が低いのである。「倒錯はついに正当化されえないし、そこにこそ彼の誇りがある筈である」とは、同じく紀田順一郎氏の晴雨評だが、同感である。

「倒錯であって何が悪い」と開き直るべきなのである。警視庁向けの媚態的発言は、晴雨の惜しむべき汚点となった。

天真爛漫、酒乱の人

にもかかわらず、やはり、なみの人に比べれば晴雨は異端の人である。ところで、このような人物が学校の先生になったことがある。もっとも学校といっても「新橋芸妓学校」といって、芸者の学校であり、彼は日本画の先生となった。

なにはともあれ、先生になれるのだと晴雨は緊張し、感激した。ところが、いざ教壇にたって彼はガックリしてしまった。だいたいがこの学校は何年いようと卒業ということがなく、また落第もない学校だった。それに生徒の顔ぶれも日によって変わり、当たりまえのことだが、売れている妓の出席率は悪い。毎日来るのは、生徒総数百人余の中でたった三人だった。

晴雨は授業に必要な道具として筆と半紙、それに硯と小皿を持ってくるように命じたが、ノートと鉛筆を持ってくる妓《おんな》や画用紙とクレオンを持ってくる妓、なかには紙だけしか持ってこない妓などバラバラだった。アシスタントとして箱屋が来たが、妓の中には「箱屋さん、墨すって」といいつける者がいたり、「センセ、あたしかけないワ。ここへ来て手伝ってヨ」などと鼻声でねだる妓がいたりして、ざわついた授業になってしまうのである。

さすがの晴雨もまいってしまい、「こんなことではとても教えられない」と学校の経営者側に文句をいってやめてしまった。晴雨がやめたあと、この学校は間もなく閉鎖したという。ほかの教師もネをあげていたためである。

満州事変も支那事変も大東亜戦争も晴雨にとっては関係ない政治的雑音だった。とはいうものの、自由を圧殺するこの時代は、ヤボな時代であり、晴雨は収入にも恵まれず、受難の時代であったといえよう。敗戦間ぎわに空襲が激しくなり、ついに昭和二十年四月十四日の空襲で駒込・動坂の家が被災し、彼は長年、かきため、とりためた絵や写真を全焼してしまった。晴雨やその妻・情婦たちが生活を犠牲にしての貴重な文化遺産だった。

日本の敗戦は晴雨にとって、闇酒にしろ、手づるがあって金を出せば、ともかく酒が自由に飲める時代を迎えたことであった。木村勝美氏の『伊藤晴雨伝』によれば、弟子の佐藤倫一郎が神田で開いた「美亭」に高橋鐵らと一緒に飲みに現われたという。晴雨はヒゲ面でなりふりを構わない人として知られているが、艶本出版業として知られる坂本篤は竹中労さんを相手に、このように語ったことがある。

竹中　責め絵を描くようになって生活は楽になったんですか。
坂本　なにがなにが、絶対にならない。実際、生活なんてそんなことあんまり考えちゃいない。仮にカネが入ったって入りゃ飲んじゃう。よれよれの着物着てね、見られたもんじゃない。それが戦後は娘も大きくなって、身なりをキチンとするようになったんで（笑い）、戦後はじめて会ったときは、オッ、これが晴雨かと思うほどみぎれいになっていた。
竹中　人間的にはどういう人物だったですか。
坂本　天真爛漫。いい人ですよ。完全な職人気質でね。気分がいいと、ケツひっぱたきながら、テンテコテン、テンテコテンなんていいながら、シャーシャー、シャーシャーと描いていく。そうして立ったあとを見ると、座ぶとんに痔の跡がついている（笑い）。（『噂』昭和四十七年九月号）

晴雨はこの対談でもわかるように酒好きでひょうひょうとした味のある老人として老いていった。だが、酒が入るとヒューズがすぐとんでしまった。彼と親交のあった高橋鐵の思い出によると、ある会合でビールを盛んに飲んでは放尿し、それをコップで受けては隣近所に回すので閉口したという。

非体制の絵師

敗戦後、晴雨の作品の一つに『黒縄記』がある。非売品で部数の少ない奇書であり、入手しがたいが、斎藤夜居氏の『艶本資料の研究』にそのアウトラインが紹介されているので、さらにそこから要点を抜き書きしてみよう。同書は著者も発行者も印刷者も伊藤晴雨の名前で昭和二十六年九月に発行され、「奥付裏識語」で晴雨はこのように述べている。

「稀書は流布本尠《すくな》きを以て貴しとす此書著者と膝を交えて語らんと欲する極めて少数の同志を目標として頒布す依て謄写を以て是を写す看る人是れを諒せよ」

なお、序文によれば、題名の「黒縄」は女の黒髪を意味すると述べている。斎藤夜居氏の同書に対する解説によると、この本は晴雨が好んで絵に描く素材を文章化したもので、小説としての体裁をとっているが、残虐芝居の脚本といったおもむきがあるという。

捕らえられた幕府の女隠密が責められる場を晴雨は次のように描いている。

「最初は薄い絹の袋に入れた小豆を女の陰部の中へ押し込む。続いて漏斗《じょうご》を深く差し込んで小豆を段々に増して行く。子宮が一杯になった処へ微温湯をつぎ込んでから暫らくすると、小豆は微温湯と身体の熱とで、絹の袋の中の小豆は急に活気づいて膨張する。全部袋の中でふやけた頃を見計って此袋を無理に引っ張り出すのだ。これを何回も繰り返すと生殖器の機能は全く失われてしまうので、女としては恥辱のはなはだしい責め方である。それが終ると次に唐辛子水を局部に注ぎ込むのだが、小豆の袋で爛れた処へ唐辛子を細かに刻んで水に混ぜたものを注ぎ込むのであるから、その痛さは気丈な絹枝も歯を喰いしばっていても、時々悲鳴を上げてしまった」

老いてもなお、倒錯志向が健在であることを示す作品といえよう。

晴雨が亡くなったのは、昭和三十六年一月二十八日の朝であり、死因は心臓弁膜症だった。死ぬ一カ月ほど前、高橋鐵が訪れたさい、「女ってものは、だまして使うものでござんすよ」と晴雨はささやくようにして教えたという。

この言葉からもわかるように、晴雨は徹底したエゴイストだった。わが好み、おのれの性情にこだわり続けた非体制の絵師である。そのために娘は芸者に売られたりするのだが、もっとも晴雨が安手なヒューマニストだったら、あのような妖しい世界を描けるわけがない。と思うと嘆息をもらすのみである。

小倉清三郎

性の求道者

性タブーへの挑戦

憲法の条文でどのように規定されていようとも、日本には「言論の自由」はない。もちろん戦前戦後たるを問わずである。あると幻想して「言論の自由を守れ」などという者もいるが、ないものをどうやって守るのか。「言論の自由を獲得せよ」というべきであろう。ともかく日本には「言論の自由」などないのだ。早速その証拠をお目にかけよう。芥川龍之介作と伝えられる『赤い帽子の女』のサワリの一節を掲げてみる。

「私は最後の手段に出て、女を尚最高の境地に導いた上で、自分もその余栄にあずかろうと思った。それは外でもない、＊＊＊＊＊＊なめてやろうと思ったのである。これが売春婦では一寸考えものだが、打ち見た所、この娘の＊＊＊＊＊＊＊＊危険はないと私は信じたのであった。……私は毛布を全部はねのけて、＊＊＊＊顔を押しのけて行った。そして＊＊＊＊充分に開かせて、私の両方の掌を＊＊＊＊＊＊＊＊、＊＊＊出来るだけ＊＊＊＊ようにし、私は＊＊＊＊持っていった。＊＊＊＊押しつけ、舌の先を少し＊＊＊＊＊＊＊＊ようにして、＊＊＊＊下から上へ＊＊＊＊＊＊＊やった。すると＊＊＊急に固くなって＊＊したようになるのを、今度は唇で銜えて口の中へ吸い込むように動かしてやった。＊＊＊＊流れ＊＊＊＊増々多くなって、舌の上へ流れ込むと少し塩辛いような味がする。私＊＊は時には＊＊＊＊＊

中へ長く差し入れて＊＊回して、なめ回したり、＊＊＊＊歯で柔らかく噛んでやった」

日本の現在の出版事情では、「＊」印のもとに封じこめた箇所をあからさまに表現することは、極桃冒険主義者の行為となる。弾圧され、発禁を食うのは、間違いない。なぜそうなるのか。理由は簡単、日本には「言論の自由」がないからだ。「言論の自由」、とりわけ性表現の自由について、日本は後進国である。

ところで、この『赤い帽子の女』は『えろちか・臨時増刊号』（三崎書房・昭和四十七年）で「性探求の金字塔《相対会研究報告》」の総特集を行ったさい、所収されている。「＊」印がついているのは発禁を回避するために『えろちか』編集部側が自主規制をしたからである。同誌には、次のような断り書きが付されている。

「『殺人は犯罪だが、その描写はそうではない。性交は犯罪ではないが、その描写は犯罪である』という法治国の現行ルールを厳守して、違法行為のないよう配慮した結果、原文の一部を削ったことをお断りします」

「＊」印を援用するのは、国家権力に屈する行為となるが、ともあれ〝幻の稀書〟といわれる『相対会研究報告』のダイジェスト版を出版し、広く読者に知ってもらうためには、やむを得ざる措置であったといえよう。『相対会研究報告』は小倉清三郎が主宰者となって刊行した性研究の会報誌であり、合法性を獲得するために、厳重な会員制度をとり、会員のみに配布していた。したがって原書には「＊」印がついていない。伏せ字なしで性文献の紹介と会員のナマの性体験報告、さらに性科学の研究発表が掲載されている『相対会研究報告』は大正二年から昭和十九年までの三十年間にわたって刊行され続けていた。

もちろん一朝一夕にして合法性を獲得したのではない。数度の弾圧に屈せず、窮迫する生活の中で闘い続けてきた成果なのである。書誌研究家としては第一人者であった故斎藤昌三は、その著書『三十六人の好色家』（創芸社）の中で小倉清三郎の業績を次のように絶讃している。

「戦争と性の問題は東西を通じて、歴史的に大きい問題であるが、日本としては今度の敗戦後ほど華やかに自由に検討されたことは誠に珍しく、大家小家の群立という状態である。

だが顧みて、終始一貫、性研究に一生を捧げて闘った小倉清三郎君の右に出るものはなかろう。それほど真面目と努力と真剣で、その研究報告は一万頁に達したと聞いては、君の真摯な態度に敬虔の念を抱かざるを得ない」

小倉清三郎の『相対会研究報告』の系譜を受け継ぐものとして高橋鐵の『生心（生活心理学会）レポート』が知られている。『生心レポート』は昭和二十五年から四十五年にかけて三十七集、刊行された。両書ともに共通する内容を持っているが、『生心レポート』に掲載されている性体験の手記の中には、創作めいた作品が混入されているので、質的には、『相対会研究報告』のほうが高い。

戦前戦時下に刊行されたとのハンディを持ちながら、この差が生じてくる理由は、小倉清三郎と高橋鐵との人柄の違いであろう。

小倉の人柄は、はったりや自己顕示欲からおよそ縁遠く、彼は利害を度外視して極貧の生活にめげず、ひたむきにタブーとされていた性の研究とその公開に取組んだのである。彼の足跡をたどると、生真面目さに息が詰まってくるようである。小倉は熱烈なクリスチャンだったが、たとえクリスチャンでなくとも、セイント・オグラ（小倉聖人）と呼びたくなるゆえんである。

キリスト教との出会い

小倉清三郎は、明治十五年、福島県岩瀬郡須賀川町で小倉浅之助の三男として生まれた。小学校四年生のころ、父が相場で失敗し、教科書も買えなくなるほど、家運が傾いた。だが、清三郎の成績は優秀で卒業式には福島県知事から表彰され、銀メダルを贈られている。十八歳のころ、一家は田畑・家屋敷を売り払って上京し、本郷・金助町に移り住んだ。向学心の強かった清三郎は、新聞配達をしながら、神田・錦町の国民英学会に通った。小倉清三郎は英学会でも抜群の成績で会長の磯辺弥一郎から目をかけられ、卒業後、国民英学会の助手として働いたことがある。

明治時代にあって国民英学会は、海外から新思想が流入してくる窓口となり、教師の中にはクリスチャンが多く、キリスト教的な雰囲気が校風となっていた。小倉清三郎はその影響を受け、このころ洗礼を受けて熱心なクリスチャンになった。同級生には辻潤がいて、辻も英学会時代、キリスト教の感化を受け、クリスチャンとなった。小倉と辻とでは、小倉のほうが篤信の徒であり、辻は小倉を通じて、無教会主義に立つ内村鑑三の存在を知り、その著作に親しむようになった。その後、両人の生きた環境と資質の差から、辻はキリスト教の信仰から離れ、ダダイストとしての道を歩むこととなる。

だが、国民英学会卒業後も二人の交友は続き、小倉は辻の愛人であった伊藤野枝を通じて当時の女性解放運動のチャンピオンの平塚雷鳥やアナキストのリーダー大杉栄らと知り合うこととなる。また、辻の翻訳したロンブロゾーの『天才論』を小倉が斡旋の労をとり、植竹書院から出版させている。『天才論』は辻潤の処女出版であったが、好評をもって迎えられ、たちまち版を重ね、辻の文壇へのデビュー作となった。

辻潤の『天才論』が出版されたのは大正三年末であるから、小倉と辻が国民英学会で出会ってから十五年後のことである。この間の小倉の足跡をたどると、明治三十七年、二十三歳になった清三郎は県立宮崎中学の英語の教師として赴任している。辻潤と違って棄教することのなかった小倉は、赴任地の宮崎の教会に通い、牧師代理を務めるほど信仰に打ちこんでいた。キリスト教への信仰を深めていくとともに、このころから小倉清三郎は性心理学に対する関心を高めていった。

宮崎中学での小倉のサラリーは四十円であった。彼は切りつめた生活をストイックに行ない、そのうちから二十円を妹の末子の学資として送金した。妹の末子は東京音楽学校声楽科に通っていた。律気で妹思いの小倉は、献身的な生活を苦にしなかった。明治四十二年に末子は東京音楽学校を卒業し、静岡県の三島高等女学校に音楽の教師として奉職したが、その翌年、病を得て急逝した。この時、小倉はひどく落胆し、厭世観のとりこになったといわれる。

妹の末子が亡くなる三年前の明治四十年に小倉清三郎は宮崎中学校を辞職して東京に戻り、東京帝国大学の文学部哲学科の選科生となった。学資は国民英学会の二部の生徒たちの講師を務めることで捻出した。帝大に入学した小倉は、めったに授業に出ず、図書館に入りびたりで読書に専念した。それでも学科試験の成績発表が、帝大の廊下に張り出されると、彼の名前はいつも一、二番に位置していた。また、月謝滞納者も廊下に張り出されたが、小倉はその常連メンバーの一人であった。夏休みには、ガイドとして働き、外人観光客を案内して、富士山に連れていったりした。こうまでして働きながら、月謝を滞納してしまうのは、前にも述べたように妹の学資を出していたからである。

小倉の才能に注目していたイギリス人の教授から「君は語学の天才だから、将来、語学で身をたてたらどうか。私の家へ時々、来るとよい。教えてあげるから」といわれたことがある。だが、小倉は「自分が語学を学ぶのは、外国の事情を知りたいからであり、語学を学ぶのは、その手段です」と言って断った。

多彩な顔ぶれの相対会会員

小倉が帝大に入学したのは、二十六歳の時であり、五年間、在籍した。晩学であり、老書生といった趣があった。そのころの小倉清三郎の風貌を平塚雷鳥は『元始、女性は太陽であった——平塚らいてう自伝』（大月書店）でこのように伝えている。

「はじめてお目にかかったころは、帝大の大学院生だったように思いますが、黒木綿の汚れた紋付の羽織を着て、見るからに鈍重な、まことに気の利かない、陰性のタイプでした。話をするにも、目をつぶってゆっくり考え考え話すというふうで、じれったいほどでした」

女性解放運動の旗手であり、才女であった平塚雷鳥の目に小倉は、学究肌で融通のきかない野暮《やぼ》天《てん》として映ったようである。小倉は帝大で図書館通いをしていたさい、彼の生涯を決める著書と出会った。ハバロック・エリスの『Studies in the Psychology of Sex』（性の心理の研究）である。小倉は性の問題を科学的に究明していくことで、性のタブーから自己解放されなければ、人間性の回復と解放はありえないと考えるようになった。

なぜ、性のタブーから解放されなければ、人間は真の意味での解放をかちとれないと小倉は思うようになったのだろうか。クリスチャンだった小倉は教会に行って説教を聞いていても内心では姦淫しているような自分ではないかと絶えず罪の意識に苦しめられていた。この苦悩を克服するためには、いったい性とは何かと、性をとことんまできわめてみなければならぬと彼は決意したのである。したがって性を科学的に究明したいとの小倉の考えは、宗教的姿勢によって支えられていたのである。ルポライターの木本至氏は、小倉が性の探求に向かったいきさつを次のように述べている。

「山本宣治が〝性の生物学〟に目覚めたのに対し、おのれのなかの霊と肉の葛藤《かっとう》から性の研究に入った小倉は〝性の心理学〟〝性の人間学〟に目覚めたのだ。

自分のなかの性と性意識の発達をながめなおしながら、性の本体をとらえようとする帰納的な方法を発見したのである。

（そのためには、自分だけではなく、いろいろな人々の性発達史を入手しなければならない）」（「にっぽん先駆者ものがたり」『平凡パンチ』昭和五十年十一月十七日号）

こうして三十一歳の春、相対会第一組合を組織し、会報誌『相対』を刊行するとともに、上野の精養軒で「相対の会」を催し、講演や研究発表を行なった。

小倉清三郎が『相対』を発行すると、辻潤の愛人の伊藤野枝は『青鞜』の三巻二号で、『相対』のパブリシティーを書いてくれた。

「今度こう云う雑誌を紹介致します。小さい雑誌ですが極めて真面目なものです。こう云う種類の雑誌は他にないそうです。本誌は小倉清三郎氏が単独でおやりになって居ります。材料も非常に沢山集めてあるそうです。私共はこう云う真面目な小雑誌の一つ生れる方が下らない文芸雑誌の十も生れるよりはたのもしく思います」

人間関係を通じて、性の研究誌『相対』と女性の解放を目ざす『青鞜』との交流が始まり、小倉清三郎は『青鞜』で唯一の男性寄稿者としての栄誉を担った。

伊藤野枝が辻潤の子をみごもっている時、野枝は作家の木村荘太から一度会いたいという手紙をもらったことがある。野枝は最初のうちはためらっていたが、辻から「会ってあげなさい。木村君はすぐれた作家であり、人格者だから……」とすすめられ、会ったところ、木村は野枝にすっかり魅せられてしまい、ボルテージの高い恋文を送ってくるようになった。野枝もつられて、心を動かしたが、間もなく冷静になり、野枝と木村との間に芽生えかかった恋は、泡のように消え去っていった。伊藤野枝はこの体験を『動揺』という小説に仕立て、一躍、文壇に登場したのである。

小倉清三郎は、伊藤野枝の『動揺』を批評して「野枝子の『動揺』に現われた女性的特徴」と題する講演を行なったが、平塚雷鳥に乞われて、『青鞜』の四巻一号にその講演原稿を寄せた。この講演原稿が『青鞜』に掲載された小倉の論文の第一号であり、続いて彼は、「性的生活と婦人問題」「知識の樹の泉」などの原稿を『青鞜』に寄せている。最初のうちは、平塚雷鳥から、鈍重で気の利かない男であると思われていた小倉だったが、交際が深まるにつれて、その誠実な人柄と深い学識に平塚は敬意を払うようになった。平塚の文章を掲げてみよう。

「……わたくしは小倉さんの研究に興味をもち、教えられることが少なくないのでした。性的問題の研究書としてエリスの「性の心理の研究」Studies in the Psychlogy of Sex 六巻のあることもききました。このなかに、同性恋愛の研究がありましたから、紅吉のわたくしに対する異常な愛情、とりわけそのはげしい嫉妬に驚き、また悩まされてもいたわたくしは、紅吉を理解するうえの参考になればと思って、さっそく読む気になりました。

……会員（注・相対会）はごく少数でしたが、作家、画家、カメラマン、新聞記者、医者その他多方面の人たちで、毎月一回会合して、自分の体験を反省して語りあい、あるいは文書にして報告したりして、それを研究の資料とするのでした。小倉さんのこの研究的態度にも行きすぎがあったものか、奥さんが、中途で自分と結婚したのは、研究材料にするためではなかったかとなやみだし、一時はご夫妻の間がおかしくなったこともありました。やがて夫君の仕事を理解されたと見えて、後には小倉さんの協力者として、よい助手としてつくされました。

わたくしたちは小倉さんと裸体クラブをつくる話をよくしたものです。人間はハダカで暮らせば過剰な性的刺戟がなくなるだろうなどといって、裸体生活を礼讃する小倉さんでしたが、裸体クラブの計画は終に実現しませんでした」（前掲書）

こうしたいきさつもあって小倉が相対会第一組合を組織したさい、平塚雷鳥も会員の一人となった。発足時の会員は約二百人で最盛時には五百人、廃刊間ぎわには六十三人といわれた。会員の顔ぶれは多彩で学者、医師、教師、作家、画家、宗教家、ジャーナリスト、判事、検事、政治家などがずらりとそろっていた。知名人の会員名をあげると岡治道（東大教授・医博）、富士川游（東大教授・医学史）、山口弥輔（東北大教授・植物学）、坪内逍遙（作家）、芥川龍之介（作家）、岡田三郎助（画家）、沢田薫（弁護士・出歯亀事件担当）、大杉栄（アナキスト）らがいる。大杉は伊藤野枝の関係で入会したのであり、ちなみに大杉と野枝を引き合わせたのは「白山聖人」と呼ばれていたアナキストの渡辺政太郎である。これらの会員たちの中から、性を相互に研究する資料として自分のイタ・セックス・アリスを寄稿するものがでたのである。

与謝野寛が相対会第一組合に入会したくて、小倉と会ったさい、「あなたはこれまでどんなことをしたか」とその性的体験を質問され、「バナナを晶子の中に入れて、翌日それを取り出して食べた」と得意そうな表情で語ったところ、「なんだ、その程度のことは、だれでもやっている」と小倉から一笑に付されたというエピソードがある。

相対会の結成と弾圧の兆候

小倉清三郎は、国家権力からの弾圧・干渉を回避するために、細心の注意を払った。会員の弁護士とも相談して、組合規約を作成しているが、その条文から、弾圧を誘発させない配慮のほどがうかがえよう。

第一条　本組合ハ相対会員中ノ有志ヲ以テ組織シ、相対会ノ健全ナル発達、研究報告ノ保存及ヒ会員風紀ノ振粛ヲ図ルモノトス。

但シ組合員数ハ本組合創立総会迄申込以上増加セサルコト。

第二条　小倉清三郎ノ研究報告アリタル時ハ本組合ハ其稿本ノ筆写ヲ得テ組合員数ニ一ヲ加ヘタル数ヲ謄写シテ其一部ヲ小倉氏ニ進呈シ其余ノ一部宛ヲ各組合員ニ於テ所有スルモノトス。

前項ノ謄写ハ印刷ヲ以テ之ニ但《ママ》(代)フルコトヲ得。

第三条　組合員ハ右研究報告書ヲ他ニ譲リ渡シ又ハ貸シ渡スヘカラザルハ勿論漫《ミダ》リニ之ヲ他ニ示スヘカラス。

第四条　組合員中ヨリ世話人五名ヲ互選シ之ニ謄写ソノ他ノ事ヲ委任ス。但シ任期ハ六ヶ月トス。

第五条　世話人は右研究報告書ニ所有者ノ氏名ヲ記入シ、之ヲ組合員名簿ト参照シ番号ヲ附シ、割印ヲ押シテ引渡スヘシ。

第六条　組合員ハ組合費実費(八十銭〜一円)ヲ支出スヘシ。

第七条　世話人ハ組合会員ニ会計報告ヲナスヘシ。

第八条　第一条ノ目的ヲ達スル為メ世話人ハ組合会ヲ開クコトヲ得。

なお、会報誌の発送にあたっては、紛失を避けるため、必ず書留にするという慎重さだった。相対会が盛んになるにつれ、取締り当局の目が光り出し、本郷・駒込警察署の署員が小倉家をしばしば訪れ、事情を聴取するようになった。そして、ついに出来あがったばかりの『相対』誌を押収していくという暴挙を取締り側はあえて行なったのである。小倉は会員の弁護士をたてて厳重に抗議し、返却を迫り、ようやく返還されたが、部数が不足していた。不当行為であると小倉はさらに抗議したが、警察側の一方的な手落ちではなかったことが後日判明した。

たまたま駒込警察署で大杉栄系のアナキストを取調べているさい、係官が席をはずしたすきをみはからって、そのアナキストが『相対』をかっぱらったのが、部数不足で戻された原因となったのである。こうしたアクシデントも重なって駒込署側では必要以上に態度を硬化し、その後もおどしやいやがらせが繰り返された。やがて本格的な弾圧を小倉は受けることとなった。木本至氏は、『相対』第十三集に掲載された小倉の文章に基づいて、弾圧された原因をこのように述べている。

「小倉のもとに報告される性発達史のなかには、〈悪魔主義〉を唱えているフェティシュな異常性欲の赤裸な手記などがふくまれている。彼は自分が関係した女性の下着はいうまでもなく、恥毛や使い捨てた桜紙、あるいは恥部に口紅を塗り、白い紙に押して取ったセックスの手形のようなものまで集めていた。

会員のひとりは、この悪魔主義者を小倉に会わせて、相手の女性ともども手記を書かせ、『これを将来は海外にも発表してもらいたい』と小倉に託した。

人間性を信じ、男と同様に女にも深い敬意を払って、人間らしい性の姿を探求していた小倉の考え方を知ることによって悪魔的な異常性欲から脱却させようとした。悪魔主義者の手記は『恋の成長』（八集）、『恋愛と凌辱《りょうじょく》』（九集）の二編であるが、その第九号に政府の視線が注がれた」（前掲書）

こうして小倉は風俗壊乱・出版法違反で起訴され、大正五年に第一審の有罪判決がいい渡された。小倉はただちに控訴し、三年後の大正八年、二審の判決で無罪をかちとった。会報『相対』は、印刷物であるが、不特定多数に販売する出版物ではないとの小倉の主張が通ったのである。この段階で一応の合法性は獲得したとはいうものの、その後も干渉は執拗に繰り返され、取締り側は弾圧の機をうかがっていた。

素朴なリアリズムを基調として

こうまでして、なぜ小倉は『相対』を刊行し続けていったのだろうか。その理由の一端については前に述べたが、小倉自身の言葉を聞いてみたい。昭和七年に小倉清三郎が綴った「相対会趣意書」によれば、こうである。

「其の後全く御無沙汰に打ち過ぎまして、まことに失礼を致しました。平に御わびを申し上げます。扨《さ》て御力副《ぞ》えにあずかりました『相対会』は、其の後も細々ながら存在を継続し、今ではまさに満二十年に達しようとして居ります。初めのうちは出版の関係で幾度か苦い経験を持ちましたが、豊原清作、川手忠義、故沢田薫（五猫庵）の諸弁護士のお骨折りのおかげで、組合制度により、一条の進路を拓き得まして以来、私はつとめて世間との交渉をさけて、小さな会の中に立てこもり、主として健全な人間の正常な性的生活を出来るだけ奥深く研究して行くために力を傾けて参りました。幸いに会員会友諸君のおかげで活版時代に七百頁余り、謄写版時代になって三千枚近くの報告を出すことが出来ました。これを単に量の上から申しますならば、年数の割に少な過ぎると見られるかも知れません。しかし質の上から申しますなら、此の種の資料と知識とを之れだけ集め得た例は古今東西に未だかつて聞かない所と存じております。これだけの仕事にもせよ、やり得たのは、智能・情感・教養共にすぐれた友人諸君を会員会友として私が持ち得たからに依るのであります。私は其れを思うと感謝に堪えないのであります。

就ては愈々努力して更に新たなる資料を集め、既に集め得た資料を知識化し、得られた知識は之を整理して、随時応用を可能ならしめ、未婚時代を真面目に送ろうとして居る人々のためにも、之から始められる可き夫婦生活を円満に送りたいと考う人々のためにも、既に倦怠期に達し、興味の失せた夫婦生活を若返らしめたい人々のためにも、恐ろしい倦怠期の到来を未然に防ぐための用心を心掛けている人々のためにも、或は、配偶者を失った淋しい人々の慰めのためにも、子を持つ親達の相談相手として必ず何等かの役に立つようにして諸君のお力副えに酬いたいと存じて居ります。何とぞ今後も何かと御加勢下さいますよう、切にお願い申上げます」

誠実でケレン味のない小倉清三郎の人柄がにじみ出ている文章である。

書誌研究家の城市郎氏はその著書『禁じられた本』（桃源社）で『相対』は「いわゆる春本とちがって余計な粉飾や誇張がない、春本のマンネリズムがない、性の神秘なナゾに十二分に学問的にセマっていて、アダやおろそかにできぬものがある、というのが今日の通り相場になっている」と教えている。事実、『相対』に発表されているセクシアル・ライフのレポートは素朴なリアリズムに裏打ちされており、最近流行のポルノ作家の作品にはない、味わいがある。例を二つほど要約して紹介してみよう。

「A氏の日記の一節」

家に帰って寝たのは一時過ぎであった。静子は長男の太郎と並んで寝て、その次が今夜泊った君子、それと並んで私の床は設けられた。電灯を消してから、そっと君子の方へ足を出してみる。……手を君子の＊の所へ出して様子を見ると、君子は太郎に押されるので、自然に私の方へ寄っていたので、そっと君子の床へ入って右の手を＊の下へさしこみ、左の手で前のあたりをさすってやると、じっとしているので、寝巻の前をまくると＊＊＊とした毛が手にさわった。たまらなくなって＊＊＊りながらそろそろとももを拡げて私の足をはさむと、内股には＊＊＊とするほど＊＊が出ているので、その＊＊を＊＊の頭へぬりつけてそっと＊＊るときしむようなこころもちがして＊＊＊とはいる。狭い狭い所へはいっていくので……。君子が押しのけるようにするので＊＊ばかり入れて出してやめた。

夜中にふと眼がさめたので、そっと君子の床にはいって見るとやっぱり向うをむいて寝ている。こんどは寝間着の裾をまくってうしろ向きになっている＊の間へ＊＊をはさんでみると＊＊のために＊＊＊しているので、うしろから＊＊をこするようにする。二三遍こすっているうちに君子の股が少し＊＊ようなので、ぐっとひろげさせて、また＊＊のあたまを＊へおしこんで、しずかに＊＊＊＊する。君子は気が＊＊ったのか押しのけるようにするのでやめて自分の床へ帰って寝る。

翌朝……君子はそっと眼を開いて私の顔を見るとにっと眼を笑ませながら、夜具を頭までかぶってしまった。

「女百態」小夜子（十七歳）

寒い冬の朝だった。顔を洗って後園に出て見ると鶏小屋の側に小夜子が寝衣の上に襷をかけて鶏に餌をやって居た。……私の顔を見て、

「お早う御座います」と会釈したので、こちらも「寒いねェ」といいながら懐手をしたまま背中を丸くして小夜子と並んだ。一つ二つ話をして居る間に、ああ冷たい、少し暖めてくれない？ といいながら小夜子の背後から抱くように両手を女の腋あけから差入れると、黙ってじっとしていた。冷たいだろうというと、いいえといって少しうつむく。私は十九であったが、女の肌へさわったのは初めてなので滑かな柔かい温い感じが私を亢奮の極度まで持って行ってしまった。

私は少し手が温まってから、女の胸や乳のあたりをさすって、そっとお腹の方まで下ろして見たけれども、帯が固いので手は下へおりない。しばらくそうやって居てから、静かに手を引き出して、小夜子の足許へしゃがんで、油断を見すまして裾から手をソッと差込むと女は驚いてしゃがんだ。

股は一生懸命に固く合わされたけれども、私の手は真ん中にあるので、しゃがむ拍子に手首

が女の股から背後へ抜けて尻の方へ出たので、そこらあたりを手首の動くままに働かせてここぞと思う所をさぐると……。

女は耳まで真赤にして両手で顔を押えて息をはずませている。私は惜しかったけれど窮屈な中で指を働かしているので苦しくなってそっと＊＊て立つと女も立った。……怒ったのと云っても黙って居る。……私は此の経験によって女の陰部が意外な所についているものだと思った。今迄は臍の下に真正面を向いて居るものだと思って居たのに事実は身体の前と後の中間に下向に付いていて、立っている場合に前から＊＊＊＊るものでなくて、下から＊＊＊＊ものである事を覚えた。

……翌朝も鶏小屋の所へ行って見ると小夜子は昨日と同じ様子をしていて挨拶もちっとも違わなかった。私を見て逃げるかと思ったら、そのままじっとして居るので又昨日の通り繰り返した。女は今日もしゃがんだけれども、股は心持開いていた。斯様な事が数日続いた。そして此の事に付いてはお互に何も言わなかった。

「＊＊」なしで読者に伝えたいのだが、版元へ迷惑をかけてはと「＊＊」を使用した。だが、それでも、ひなびた味わいは伝ええたと思う。城市郎氏も推定しているように、こうした文章の書き手は、会員の中の知名士かも知れないのである。

ストイシズムと極貧の生活

ところで、『相対』を刊行し続けえたのは会員や会友の協力があったからこそであるが、それにもまして清三郎を支えたのは、妻のミチヨであった。清三郎は晩婚であり、ミチヨと結婚したのは三十七歳になってからである。しかもこのようなラジカルな性の研究誌を刊行していたにもかかわらず、小倉は結婚するまで童貞であったという。

小倉が三十七歳になった年は、大正八年であり、第一次弾圧をはねのけ、無罪を獲得した時期である。ミチヨは旧姓を坂本といい、四国の愛媛県出身で、父が決めた結婚を断わり、大正二年、二十歳のころ、家を出て検定で教員資格をとり、松山在の農村で小学校の教師をしていた。その一年後、向学心に燃えるミチヨは上京して東京女子専門学校に入学した。ミチヨの弟の坂本石創は作家志望であり、ミチヨより一年早く上京し、田山花袋の門下生として、創作に専念していた。坂本石創の親友の酒井繁一郎は、小倉清三郎のファンであり、相対会の有力会員であった酒井宗太郎（初代八幡浜市長）の弟で、こうした人間関係を通じて、ミチヨの弟の石創は小倉家に出入りしていた。

上京したミチヨは弟と一緒に駒込・千駄木町の長屋を借りたが、そのころ小倉も同じ千駄木町で母と二人で暮らしていた。清三郎は頼まれてミチヨが進学した東京女子専門学校の身許保証人になり、坂本姉弟は、近所に住む心やすさもあって小倉家をたびたび訪れた。清三郎とミチヨの年齢の差は十一歳であり、当初、ミチヨは、師に接するような態度で清三郎から教えを受けた。教えを受けるといっても学校向きの知識・教養だけではなく、ミチヨは『相対』を通じて「裏文化」の知識も吸収していった。大正時代に未婚の娘が『相対』を読むことは、体制からの「お仕着せ道徳」から、大きく逸脱した行為であり、みだらな雰囲気を醸し出すのではないかと思われがちである。だが、事実は違うのである。

学生時代もそうであったように小倉は、身なりを構わない男であった。「そのころの小倉は、いつも色あせた木綿の黒紋付の羽織に茶じまの小倉の袴といった身なりでした。十七、八貫もありそうな体格で近所の人たちは柔道の先生ではないか、いや、刑事だなどと噂していたものです」とミチヨは独身時代の小倉について述べたことがある。みだらな、あるいは色っぽい華やかな雰囲気からおよそ縁遠い男だったことがわかろう。それでも独身のこの二人の男女の間に、相寄る感情が、しだいに芽生えていったのである。

小倉はミチヨに結婚したいとプロポーズしたさい、「向こう一年間はお互いに何の接触もなく愛してみようではないか。どんな現象が起こるかを観察してみたいのだ」と言った。研究一途に生きている男であることは十分に知っており、また、それだからこそ、その生きざまにうたれて師に接する心が愛情へと進展したミチヨだったが、小倉のこの言葉には、ショックを受けた。「三十七歳まで童貞で通し、謹厳そのものの小倉とは知っていたが、これでは私を研究の対象物としてしか扱っていない」と後年、当時を回顧してミチヨは述べている。わかりやすくいい直すならば、「あんまりだわ」ということになろう。結婚の相手までを研究用のモルモットのように扱った小倉の言葉にミチヨの心は波立ったが、彼女は冷静さを取戻して「結婚するよりも、まず婚約ということにしましょう。今後一カ年の間にどんな現象が起こるかをみて、婚約解消か成立かを決めることにしましょう」と提案し直した。

弾圧に抗する妻ミチヨ

彼女は自分の心を試そうと東京を去って兵庫県の伯母のもとに行き、女学校の先生になった。教壇に立ったのは数カ月間でミチヨは辞職して東京に舞い戻った。小倉清三郎から、「ぜひ僕の研究を手伝ってほしい」という手紙が送られてきたからだ。ミチヨの親を初め、伯母も清三郎との結婚には強く反対していた。そのため、彼女は伯母に無断で飛び立つような思いを抱いて清三郎のもとに走ったのである。

小倉清三郎は強度の近眼だった。結婚早々から、ミチヨは清三郎の原稿の清書に追われた。清三郎の字は読みにくく、すらすらと清書できるような原稿ではなく、彼女はイライラさせられた。そのうえ、新婚早々の家に不粋な警察官が訪れ、いやみやおどしを並べたてていくのだ。時には資料を押収されたり、焼却されたりした。さらに生活は楽でなく、何日も代用食でしのがなければならない日が続いたりする。それでも清三郎は闘志を失わず、トランクを机の代わりにして論文を書き続けた。小倉の執念に燃えるすさまじい姿を斎藤昌三は次のように教えてくれる。

「全く文字通り衣食を念とせず、一路その研究に邁進していたのだから洋服は羊羹いろを着、布袋をさげてぶらりぶらりと訪れてくることもあり、何人にでも惇々と性道を説くのだったが、元来、近眼の眼を閉じて話すのが癖だった。従って世間からは変人扱いもされたが、猾介の点では夫人の方が強かったかも知れない」（『三十六人の好色家』創芸社）

小倉清三郎のような男性にほれきることのできる女性は、やたらと存在するものではない。結婚してから小倉の生活態度にうたれて猾介になったというよりも、もともとミチヨには、世に容れられなくとも真摯な姿勢を失わずに仕事に打ち込む男性にひかれる素質があったのではないだろうか。世俗的評価にとらわれず、男の美点を見いだす目を持っているラジカルな女性だったようである。

ともあれ国家権力からの迫害、さらに権力がつくりだす秩序意識をよしとする人たちからの冷笑に対して、ミチヨは身構えざるを得なかった。その精神的武装の現われを、斎藤昌三は「猾介」と指摘したのであろう。彼女を「猛女」と表現すれば、ヤユになるというのなら、「強い女」といい直してもいい。ミチヨは小倉と結婚することで「強い女」としての側面に一段と磨きがかかっていったのは確かである。

昭和八年二月、警視庁検閲課の警官八人が小倉家を襲った。ガサ入れをかけ、小倉を連行するためである。たまたま小倉は不在だった。「あけろ、あけろ」とどなりながら玄関の戸をたたいている警官に対して、ミチヨは「いま主人は不在で私一人ですから、この次、来てください」と答え、鍵をあけようとしなかった。警官たちはミチヨが嘘をついていると思い、戸を突き破って家の中に乱入した。クツをはいたままで室内に上がろうとする警官に対して、ミチヨは両手を広げて立ちふさがった。

「押収に来たのなら、予審判事の令状を見せなさい」

声をふるわせて抗議した。

「生意気な女だ！」

とミチヨの質問に答える代わりに警官たちは彼女をなぐり倒して奥の間に侵入し、小倉の研究資料を運び出し、自動車に積みこみだした。

「カードがない。カードがない」

と指揮者の一人が、書棚や机の引き出しを未練げにひっかき回しているのを見とがめたミチヨは駆けこんでいき、指揮者を突き飛ばすと、読者カードを首から背中へ押しこみ、さけんだ。

「令状もないのに渡せますか、大切な会員の名簿を渡せるわけがありません」

「出さないか！　裸にしてでも取ってみせるぞ！」

「取れるものなら取ってみなさい。そして私の身体に指一本でもふれようものなら、あなたたちは強盗ですよ」

「今にみていろ、小倉のやつ、ぶちこんだら娑婆の風に当分は当てさせないぞ」

いまいましげに舌打ちをして警官たちは去っていった。翌日、小倉は警視庁に連行され、三十二日間勾留されただけでなく、市ヶ谷拘置所に送られ、七十日もの不当な長期拘留をうけ、しかも五十円の罰金刑をいい渡されたのである。ミチヨはひるまずに警視庁検閲課の係官ら八名を強盗、傷害、家宅侵入罪で告訴した。それでなくとも火の車の家計である。警察を相手どって裁判闘争を開始したので、生活はますます窮迫化した。

当時を回想して「食うや食わずの死にものぐるいの戦い」であったとミチヨは語っている。ある日、東京地方検事局から小倉清三郎に出頭を命じるハガキが届いた。出頭すると、担当検事は困惑した口調で小倉に頼みこんだ。

「君の細君はヒステリーで話にならない。そこで君にいうのだが、告訴状を取下げてくれないか。警視庁を訴えるとは、血迷いすぎている」

「でも私の留守の間の出来事だから、私にはどうすることもできませんね」

と清三郎は検事の申し出を突っぱねて帰宅した。夫から検事の横車を聞いてミチヨは頭に血が駆けのぼった。その当時、小倉夫妻は横浜に住んでおり、検事局に出頭するといっても、交通費の支出が、たちまち家計に響くのである。翌日、ミチヨは片道の電車賃だけを持って東京地方検事局に押しかけて行き、夫の旅費と日当を請求した。通常、旅費と日当が支払われるのは裁判所に証人として出廷した時である。検事局に出頭しても支払わない慣例になっている。だが、ミチヨの言い分では、夫の清三郎は取調べを受けるために出頭したのではない。告訴を取下げる相談にのってもらうべく、検事が呼び出したのである。人民の人権を踏みにじっておいて、自分のほうの都合で呼び出し、旅費・日当を支払わないのは筋違いというものであろう、と申したてた。

「もし支払わなければ、このまますわりこんで帰らない」

とミチヨはごね、粘りに粘って夫の旅費・日当として当時の金で一円五十銭を検事局から、せしめてきたのである。その一円五十銭がなければ、明日の生活費をどうしてひねり出したらいいかというドン底生活を小倉一家は送っていた。

ついに報われぬ小倉一家の悲惨

小倉家の悪戦苦闘期ともいえるこの時期（昭和八〜十一年）に三男の小倉ネリヤが生まれたが、生後三十七日目に亡くなっている。長女の小倉メリイは、フェリス女学院に通っていたが、月謝は滞納しがちだった。そのころの会員数は、百二十人で会費・組合費を合わせて三円だった。会員の中には、滞納している者がおり、長期滞納者もいた。金策の当ては、その取り立てしかなかった。ミチヨは毎日のように滞納している会員にワラをもつかむ思いで手紙を書き送った。一方、清三郎はこのような生活の中にあって少しもジタバタせず、論文を書き続けていた。この論文は『思想の爆破』（書物展望社）と題され、昭和十五年夏に刊行されたが、小倉の自信作であり、カントの『純粋理性批判』の批判を行なうとともにマルクス主義批判が展開されている。哲学者としての小倉の業績を伝える著作であった。

小倉ミチヨは、泰然自若としている清三郎に何回となく、さし当たっての収入を考えてもらいたいと頼みこんだが、一向にラチがあかなかった。「狂人と紙一重に等しい、人物には勝つことができず、岩石に打ちつけた体のごとく、私の心はいつも傷だらけでした」とミチョは当時を回想して述べている。

三男の小倉ネリヤが亡くなったのは、昭和十年二月だったが、ネリヤが亡くなる六日前に、万年滞納者の一人であった東北大の山口弥輔教授から封書が届いた。ミチヨはホッとして封を切ったが、手紙を読みすすんでいくうちに目の前が暗くなった。

「あなたの方へ送金するような余裕は私方には持って居りません。もし送金でもしようものなら家内にしかられます。小倉君はこのさい友人などにすがらず、区役所の小使をしても、妻子を養うべきです」

ミチヨは赤児を抱いたまま、夫の部屋に入るなり、書き続けている原稿をつかみとるなり、「こんなもの！」といって部屋中にまき散らした。だが清三郎は、黙ったまま、原稿用紙を広げると書き続けた。この日の夜から三男のネリヤは熱を出し、肺炎になり、六日後に死亡したのである。家庭の中は惨憺たるありさまだった。

ミチヨは『婦人公論』に原稿を書いたりして急場の生活をしのいだが、このころから夫の清三郎にも新聞社の学芸欄や医学雑誌から原稿の注文がくるようになり、小倉家は、飢え死にしない程度に生計をたてることができた。

昭和八年の相対会への弾圧事件は結局、「相対会は印刷したが、発行も発売もしていない」との主張が通り、無罪になった。また、警官八名を告訴した件は、棄却、棄却、またまた棄却で、大審院（現在の最高裁）でも取りあおうとしなかった。底辺の民衆の人権を踏みにじり、素知らぬふりをすることで、国家の側は体面を保とうとしたのである。

普通の手段では司法権力の厚い壁を突破できない、と思いつめたミチヨは、昭和十一年五月、大審院から告訴棄却の通知を受けとると、大審院検事局に乗りこみ、係官の前で、公文書を破り捨てた。投獄されることは覚悟の上の行動だった。投獄される前に刑事被告人として法廷に立ち、官憲の横暴を暴露するつもりだったのである。彼女は警視庁の第八監房暴漢室に留置された。だが、公判は開かれず、未決に送られる代わりに彼女は横浜脳病院に強制入院させられてしまった。

精神異常者としてミチヨを扱うことで、国家権力はメンツを保持する汚い手口を使ったのである。一カ月後、彼女は退院し、夫とともに『相対』刊行の戦列に戻った。清三郎が亡くなったのは『思想の爆破』を出版した翌年のことで、昭和十六年一月十四日であり、脳溢血で倒れて二時間後に急死した。行年五十八歳であった。

四日後の『朝日新開』の神奈川版に次のような小倉の訃報と略歴が載った。

「吾が国哲学界に性の心理学的研究で特異な存在として知られる小倉清三郎氏は、去る十四日横浜市中区竹ノ丸一四の自宅で脳溢血のため急逝、十六日告別式を執行した。……同氏は福島県須賀川町出身、宮崎中学に奉職後、東大哲学科に学び、三十一歳の時、性の心理学研究を目指して『相対会』を組織、非常に特色ある研究を発表して注目を集め、先年『お定事件』では本紙学芸欄に『定の場合』の題で発表、世人の注目をひいた。近年専ら著述生活に没頭、昨年八月出版した『思想の爆破』の一書は、カント哲学、マルクス思想の徹底的批判によって我が哲学界に大きな反響を呼起した。遺族は女性相談所を開設している小倉ミチヨ夫人（四八）のほかに長男ホリゾン（一九）次男ルージョ（一五）の両君がいる」

長女のメリイは清三郎が亡くなる前年、フェリス女学院三年生の若さで死去している。ミチヨは長男のホリゾンと二男のルージョをかかえながら夫の遺志を引き継いで『相対』を発行し続けた。

このころの会員数は六十三人、会員組合費は一ヵ月五円であったという。極端な物資不足の時代であり、紙の入手が困難となって、ついに昭和十九年四月、『相対』は発行不能となった。越えて翌二十年五月、横浜が大空襲を受けたさい、資料一切は焼失してしまった。

夫の遺志を引継いで

東京美術学校の学生だった長男は、昭和十八年十二月に学徒出陣で習志野に入隊し、翌年十二月、シンガポールへ向けて出発し、以来消息を絶った。昭和二十一年五月になってようやく、バンコックの陸軍病院で戦病死したとの公報がミチヨのもとに伝えられた。

次男のルージョは横浜高工で建築を学び、横浜市内の建築事務所に勤務し、ようやく母子二人で安定した生活を送れるめどがたった。だが、それも束の間でルージョも腸を患い、三ヵ月後に亡くなった。清三郎、ミチヨ夫妻には三男一女の四人の子があったが、次々と亡くなり、昭和二十四年には、こうして彼女一人だけが取り残されてしまったのである。

昭和二十七年から三十年にかけて小倉ミチヨは『相対会研究報告』の復刻に取組み、書誌研究家の長尾桃郎を中心に「故小倉清三郎研究報告顕彰会」が発足し、斎藤昌三らもその作業を手伝った。「復刻正本」の第一号に同顕彰会は発刊の意義と目的を次のように述べている。

空前の偉大な成果

人生において最重要問題の一であるにも拘らず、世の迫害嘲笑をおそれて、有能な人は極く稀にしかタッチしなかった性問題の探求に正面より対し、官憲ならびに無理解な社会の弾圧嗤弄にもめげず、孜々運営実に三十有余年、前期約七千ページ・後期約三千ページ、通計して一万ページ以上に及ぶ各種貴重な研究録を著述編纂された哲学者小倉清三郎・同ミチヨ夫人の業績は、まことに斯界において、全世界空前の偉大な成果であった。「日本が真に誇り得るもの」として、富士・桜・浮世絵などの他に、この相対会の研究報告も、ゆうにその一に列し得るものであることを、我々日本人は再認識せねばならない。

大正二年一月より昭和十九年四月まで、清貧を忍び難苦に堪え、ただ一すじに志業の道を真摯に歩まれた小倉夫妻に対し、我々は衷心より敬意と感謝の意を表するものである。

今にして復刻せざれば

この相対会の研究録（正式には「相対会第一組合小倉清三郎研究報告」と名づけられている）は、あらゆる角度から、性生活の体験見聞調査の諸報告を蒐集し批判、更には日常の時事問題も採り入れて検討し、更に又、性に関する過去の貴重な諸文献をも収録し、これらを別記の如き方法で上梓作成、当時の組合員は各一部ずつを所有して居たのであるが、何しろ三十有余年の長歳月と、一万ページ以上にわたる尨大な紙数のため、火災・戦災・当該会員の死去などにより、焼失・散逸のこと多く、最初より最終までの原典全巻を、一人で有しているひとは皆無との由である。且つまた、当時すでに限定されたる少数会員であったため、昭和二十七年の現在となっては、この報告の原典をたとえ一部分でも所蔵する人は稀であり、一般の者はおろか、性問題の探究に熱意を有する人でさえ、その原典の片鱗すら見ない人もある現状である。

このままにして推移せんか、人類に大なる稗益を与うべき貴重なる国宝的文献も、あたら地下に埋れ将来もし奇特の士が現れて本報告の復刻を企てても、その完欠の再現は不可能となるやも知れないのである。

一般の文学や記録の世界においても奈良朝・平安朝・鎌倉室町期は云うに及ばず、近い徳川時代のものにおいてすらその名のみ伝わって原本の無い貴重書・有名書がいかに多いことであろう。学界の嘆きである。

パブリックに刊行されたもので既に然り、況んや誤れる社会通念の下にある斯界文献の運命は、過去幾十百の例に徴し、それに数十倍せしめられていることは、諸賢御承知の通りである。

性の宝庫たる大文献

旧相対会は……実に多難な茨の道の連続であった。併し、限定組合員による真摯学究的な性の研究団体として、全世界の最高峰に立つものであった。なればこそ、途中警察問題となったが、公判の結果、「研究報告は印刷物ではあっても出版物に非ず」との判決を云渡されたのである。

復刻正典はたとえ僅かの部数であろうとも、篤学の士によって諸々の著述や研究記に引用紹介され、また家庭にある夫妻に尚蔵されてその琴瑟相和・幸福増進に寄与し、燦々たる陽光を浴びつつ、現在未来の人類に、内外ともに貢献し得る日の遠からざるを信じ、矜持を以って、本会の設立を大方諸賢に報知、あわせて……協力をこい希う次第である。

こうして刊行・完結されたが、その最終号で小倉ミチヨは次のような「あいさつ」の言葉をつづっている。

「故人もこれで生前の苦労がむくいられ、定めし喜んでいることでありましょう。完結と共にかねてからの念願でありました故人の記念碑も十二月十四日、郷里福島県須賀川市の旧墓地へ建てました。これみな組合費に依る浄財でみなさまのおかげと涙のにじみ出る思いでありま す」

なお、参考までに『相対会研究報告』の内容目録を掲げてみよう。

論文の部

性的経験概論

周期末の特徴

自慰の意義及効果
夫婦生活
利己主義と夫婦生活
不釣合の調整
聯想の媒介による春的刺戟の増加
古今を貫く人情の機敏
処女と娼婦
赤い帽子の女を中心として
タルマの場合
汽車の中の出来事

（ほか省略）

資料の部

女百態
A氏の日記の一節
性に関する記憶
始めて見た世界
十六の年の春あった事
最初の経験

操の印章
貞女の苦境
預ったズロース
春に喘ぐ
八面鉾
彼女と彼
忘れ難き二十二歳の女
或る青年の性的回顧
或る中学生の手紙
村に於ける意外な経験
温泉雑記
十三年間の性交統計
徴妙な膣を有った女
階上の音、隣室の音
民謡土俗に於ける春的要素
女から挑まれた経験
サード風とマゾ風
紅灯の異花

倫敦のハイドパークの夜
奇遇
Ｋと云う男の日記の一部
それからそれ
わかぐささんの思い出
事務所生活の数頁
ＡＢ通信
或る料理屋の女将
鎌倉山
妻と私
男嫌いの女
或る私娼窟
恋の成長
避難宿の出来事
阿部定隣室観察十日間
メカケの試験
或る男の春的嗜好
曇った日の断想

女流楽人の追憶
末摘花註解
秘本手記
新婚当時の夫婦の心得
艶史目録
春画の題帳
三味線に現れし春的歌謡
新婚当時の夫妻の心得べきこと
医心方房内篇

（ほか省略）

このような内容を持ち、一万ページを超す『相対会研究報告』はアメリカの『キンゼイ報告』をはるかに上回る貴重な資料である。小倉清三郎・ミチヨ夫妻の壮絶・悲惨な日々を代償にして残された文化的遺産なのだが、その復刻にさいしても押収の憂き目に会っている。そこで再びいいたい。「日本には言論の自由などないのだ」と──。

高橋鐵

教祖型の性ジャーナリスト

性科学の先駆者

敗戦後から一九六〇年代末までの性ジャーナリズムのケンランたる立役者として活躍したのは高橋鐵である。高橋式性学の創立者といわれたり、あるいは性科学の先駆者などとジャーナリズムからネーミングされた。彼の理論的支柱となったのは精神分析学の創始者となったジグムント・フロイトの汎性欲主義である。

「人間は無意識の決定論に支配される。無意識とは性的衝動である。すなわち人間は性欲に支配される」

これが汎性欲主義の骨子だが、わかりやすくいえば、人間は知らず知らずのうちに色気によって支配されている生物であるとの人間観である。高橋はこの汎性欲主義にマルクス主義を混在させて、フロイド＝タカハシ式「汎性欲説《パン・セクシュアリズム》」を樹立したと称していた。これもわかりやすくいえば、人間とは色気とゼニによって支配される生物だとの説である。きわめて穏当な説だが、もちろん高橋流のシュートはかかっている。

高橋鐵の最後の著作となったのは、亡くなる前年の昭和四十五年二月に秋田書店から刊行した『性的人間の分析』だが、その序文で、自分のよってたつ場をこのように述べている。

「私は四十余年前心理学教室に入り、故渡辺徹教授から性格学の後を継げといわれた。先生は特に日本の心理学史をまとめても居られたので、若輩の私は、十八世紀初頭の八文字屋本、いわゆる『気質《かたぎ》もの』を分類するように申し出、一年以上もそれに専念したものである。……ついで兵学・軍学と称するものに記されている『人間鑑別法』秘伝類を読み分けて教授のもとに提出した。

しかし、当時は、二十歳の情熱で、私は物足りなさに日々あがいた。

『意識が存在を決定するのではなく、存在が意識を決定するのだ』という唯物弁証法的命題の開眼を受け、それと前後して、人間（気質・性格・人格等々を含めて）の形成における性の役割の巨大さを発掘するフロイド精神分析学によって右の眼を開かれていたからである。

バートランド・ラッセルは数十年前に指摘している。誰が何と云おうとも、二十世紀は二つの頭脳で動かされている。――カール・マルクスとジグムント・フロイドと。

私は、二十代からその同学の道を往く良き先輩・後輩に支えられ、現在に至ったことを幸福にも感じるが、ずいぶん血を流したものである。それほど、私の眼鏡は変わっているらしい。右派反動者流のお上品なアカデミシアンはもちろん、左派進歩的と称する公式論者にも封殺されたこと少なくない。

しかし、私も――『山宣』（注・山本宣治。性を科学的に研究した創始者で右翼テロで殺される）をまねて、しばしば形影相語る。『だが私は淋しくない。背後には大衆が支持しているから』と。

新しい歴史を歩き、見まもって行く人は、いつか真相に近似したものを掴むだろう。

本書はこうした立場から抉った人物分析のこころみである」

この文章を注意してよく読むならば、学者を罵倒し、一見、アカデミズムを否定しているかにみえるが、高橋はアカデミズム志向や学者気取りの強かった人間であったことがわかろう。高橋には雑文書きとして宮武外骨のような豪快な開き直りがない。宮武は『私刑類纂』の跋文で「この本が学問的であろうとなかろうとそんなことは問題外である。いつまでたっても学者が手をつけない分野なのでたまたま自分がやったまでのこと。要は読んで面白ければいいじゃないか」といった趣旨の文章を書いたが、このような側面からだけ比較すれば、高橋は理論信仰タイプのスケールの小さい人物である。もちろん、高橋には評価しなければならない面がたっぷりとあり、それは追い追いと書く。

アカデミズムへのコンプレックス

「アカデミズム何をしとるんや」との立場から編述した宮武の作品のほうが、アカデミズム本流の東大の中田薫や吉野作造らに高く評価されたのは、皮肉な歴史的事実である。アカデミズム志向の強かった高橋は自分の主宰する組織の名に××学会とか△△学会などとつけたが、結局はアカデミズム本流から、その業績は無視または軽視されたのである。

だいたいがフロイトの汎性欲説を金科玉条としたところに彼の悲劇があったともいえる。その説のすべてを否定できないにしても、こじつけやつじつま合わせといった側面があまりにも多い。早い話が『性的人物の分析』で釈迦をとりあげているが、荒唐無稽である。深層心理だけに着目して、釈迦を分析し、説明するのは、どだい無理な作業である。しかも仏教の歴史的発展にほとんど無知であり、たとえば釈迦の人物像を解明するために高橋の使っているデータとしての経典も、釈迦が生存していた時期に近い原始仏教経典を使わず、はるか後世の大乗仏教経典を用いているのだから話にならない。

つまり歴史的実在上の人物としての釈迦と礼拝・信仰の対象として神秘的な解釈が施された釈迦像を混同して、実在の釈迦像を描いたと錯覚したのが高橋の作品ということになるのである。

この程度の初歩的間違いを犯していて無自覚ならともかく、学者の業績を罵倒する者こそ、精神分析的手法を用いるパトグラフィー(病跡誌)の対象とすべきだろう。なぜ、このような否定的な高橋鐵観を書くかといえば、在野の研究者として生き、反権威・反権力に生きた高橋の生きざまを評価しているだけに残念でならないからである。既成の権威であるアカデミズム本流に高橋は批判的ではあったが、実をいえば、それはアカデミズムへのコンプレックスの裏返し的表現であると思えてならない。

たとえば、本稿を書くにあたって高橋鐵について書かれた評伝のたぐいをうんざりするほど読み、彼の長女が作成した「高橋鐵年譜」をいくら読み返してみても、彼の最終学歴については、「昭和元年(大正十五年)日大心理学科へ入学」と述べられているだけであり、いつ卒業したかについては書かれていない。しかも高橋が入学した頃は、戦前であり、大学に入学するといっても専門部へ行くか予科をへて学部に入学するかの二つのコースがあったはずである。〝専門部に入学したのか、予科に入学したのか〟これでは、はっきりしない。

世俗的な秩序意識に従えば、専門部よりも予科をへて学部に入学するほうが、修学期間も長く、より学問をしたと受けとられる。事実、専門部卒よりも学部卒のほうが、就職したさいに、給料面でも格差が生じる。

以上、述べてきたことを要約し、「悪意的解釈」？　をすると、こういうことになる。

高橋は専門部に入ったのか、学部に進学したのか、さらに卒業したのか、中退したのか、わかりがたいということである。ボクの考えからいえば、官庁に勤めて立身出世でもしたいのならともかく、表現の領域において生きる者は、専門部に入ったか学部かということは、とるにたらないことであるし、さらに中退か卒業かということは、もっととるにたらないことであり、大学に入ったかどうかということは、問題外のことである。

数多い評伝や年譜をみても、この点に関しては煙幕がかかったような表現に終始しているのは、高橋自身、生きている時から、意図的にアイマイモコとさせていたからではないか。そして、そのことが心の傷となり、アカデミズム批判を行ないながらも、自らを「精神分析士」と称したり、恋々として自らの組織名を××学会などと名乗ったのではないか。ちなみにこの種のいじましき心根から発した団体名のサンプルとしては、かの創価学会がある。

ところで、書誌研究家の斎藤夜居氏は高橋鐵の本質は「性ジャーナリストである」と規定しているが、さらにつけ加えるならば、アカデミズム志向の強い性ジャーナリストであり、教祖タイプのジャーナリストであったという点である。

〝教祖〟高橋の人間像

高橋鐵はなぜ教祖型なのか――。

社会心理学を専攻する成城大学の石川弘義教授はいう。

「戦前の日本の政治状況の中では、高橋さんの経てきたマルキシズムもフロイディズムも、非合法化されて認められなかった。フロイトが大学で講義されるようになったのは戦後からだ。

高橋さんは、そのころからアカデミズムからはなれて在野の姿勢をつらぬいてきた。日本でよりも外国で評価の高い人だ。しかし、反面には、そういう反体制的なキャリアが、いまでは、高橋教の教祖という印象を与えていないでもない」（「花開くセクソロジーの教祖高橋鐵」『ビジネスマン』昭和四十五年七月号）

高橋がカリスマ視されたのは、このほかに彼の風貌と幅広い雑学を背景とするその語り口が、彼と会った人を魅了させたからではないだろうか。そのような人たちの中には、マスコミを通じて広く人びとに影響力を持つ吉行淳之介氏や野坂昭如さんらがいる。

吉行淳之介氏の場合はこうだ。

「私の会った高橋鐵氏の外見は、予想していたものとはかなり違っていた。縄のれんのおでん屋の隅で、陰気に眼を据えて盃《さかずき》をかたむけているのが似合う人物を想像していたのだが、眼の前にいる氏はおっとりと上品な風貌である。高木健夫氏が、氏のことを『御家人』とアダ名をつけたそうだ。たしかに、御家人であって、『御家人くずれ』ではない。裏長屋で傘を貼っている風貌ではない。『獄門台の吉田松蔭』というアダ名もあるそうで、それを言うときに、氏は面映《おもは》ゆそうな顔になった。言いかけてやめたのを、無理に聞き出したのである。もっとも、時折なにかの加減で色白の顔に長く切れた目蓋《まぶた》の縁《ふち》が、赤くみえることがある。それが傷口のようで、そこにもろもろのものが集められて潜んでいるようにもみえる。

……酔いが深まるにつれて、氏の眼が赤い傷口のようにみえる瞬間が多くなり、鬱積《うっせき》しているものが仄《ほの》みえてきた。私見によれば、性の科学者としての氏は、新しい分野を切り拓くというよりも、フロイトの信奉者とみえる。キリスト教を説いて磔《はりつけ》になった殉教者である。科学者より以上に、信仰者であり、氏をそうさせたのは、わが国の封建社会であり、また氏自身のコンプレックスであろう。フロイトは多分の真実を語っているが、しかしフロイトによって（あるいはマルクスによって）人間性のすべての問題は解決しない、と氏が考えることになる事態は、起らぬであろう」（「高橋鐵」『小説現代』昭和三十九年八月号）

つぎに野坂昭如さんのケース。

「高橋鐵さんに、はじめてお口にかかったのは……『姦』という字にまつわるよしなしごとを書くにあたり、教えを乞うため、お宅へ参上したのである。

……ぼくは感歎して耳傾けつつ、また高橋さんの、痩身まさに鶴の如き姿、しかも白皙の表情に見とれた。体つきなど、どうでもいいことかも知れないが、近頃珍しい、ある典型とでもいうか、個性なんてちゃちなものではなく、人格そのものがにじみ出ているのだ」（『高橋鐵特集・えろちか臨時増刊』昭和四十七年六月）

高橋の死後、追悼の意をこめて書かれた文章であり、やさしい思いやりの念がこめられているのは当然だが、それにしても新宗教の信者がほれぼれと教祖＝カリスマを仰ぎみているようなムードがにじみだしていると評したら意地悪すぎるだろうか。この文章はさらにこのように展開されていく。


「高橋さんの顔をながめたとたん、それなりに抱いていた偏見がいっさい吹きとび、あのような、いわば気迫にうたれた経験は、その後もない。

……高橋さんのような、立派な顔は、もうあらわれないのではないかと思う。母上が新橋の名妓であらせられたときくし、明治時代の名妓というのは、これはもう極め付きの美人であって、その血を濃くひかれていることもあるだろう。

しかし、それなら西郷の孫同様そこいらにころがっているはずで、俗にいう責任の持てる顔

となるには、やはり志が伴わなければならぬ。高橋さんほど、反権力の立場を貫き通した方もない」（前掲書）

生きざまは必ずしも容貌のうえに反映するとは限らないだろう。もしそうならば、詐欺師は飯の食い上げとなるだろうし、逆な立場からいえば詐欺にひっかかる人は、滅多にいなくなるだろう。高橋鐵の人となりを評した言葉は多いが、その中で同感が持てるのは、竹中労さんのそれだ。

「……鐵さんは学者としては間違いだらけだったけど、偉大な先達だったんだ。荒野に叫ぶヨハネだったんだ」（「どこへ消えた性聖高橋鐵のSEXコレクション」『週刊文春』昭和五十年五月二十八日号）

竹中労さんは「師と仰ぐべき現存の人は、南部僑一郎と高橋鐵の二人だけであり、反権力・反体制反俗の生きざまを学んだ」と述べている。ボクには師と仰ぐほど魅力は感じられないが、それにしても竹中労さんのいわんとする点は、わが共有の思いでもある。

竹中労さんが高橋鐵を論じたさい、敗戦後間もなく、解放感にあふれていた時期に高橋が書いた次のような文章を引用し、「この地点から、私たちは出発した」と書いている。

「……もしも、煽情的というだけで、某氏がいわれたように、〝犯罪的〟だとするならば、世界の恋愛小説や愛を扱かった美術の大半は〝罪悪〟の烙印を捺されなくてはならない。これに石を投げうたんとする偽善老人や奸商輩《はい》は、まずシェークスピアに、〝旧約聖書〟に、〝万葉集〟に、西鶴に、〝春のめざめ〟に〝ヰタ・セクスアリス〟に……、すべての明朗な真美生活に、そしてそれよりまっ先にみずからの陰険な神がかり思想に石を抛《なげう》て！」（『赤と黒』第三号「偽善者共への公開状」一九四六年十二月五日）

竹中労さんと同じく、昭和初年代に生まれたボクは、偶然にもこの高橋の文章にふれたことがあり、気持の高ぶりを覚えた記憶があるので、「荒野のヨハネ」との評言に同意してしまうのである。先回りして述べることとなるが、ボクが高橋鐵を評価するのは、反権威・反権力の立場から性表現の自由を闘った点と性表現の公然化をさまたげる性政策の結果、無用とも思える性的なコンプレックスに悩んでいる人々を救った点である。

評価する二点のうち、後者についての理解をさらにたすけるために高橋の持論を紹介しておきたい。

「敗戦後は性の知識が氾濫しすぎているというが、私にいわせるなら氾濫していないから困るのだと思う。それに中途半端なものばかりで正確なものはほとんど与えられていない。たとえば、性の解説書にしても、どの本にしてもそうであるように、女の性器には毛が書いてない。ヴァギナの口も開いている。のぞけばすぐ見えるように思ってしまう者が案外多い。実はそんなものではない。また性教育にしても植物や動物の例を用いているが、あれはよくない。人間は人間のものでやらなければ、いびつな教育を施すことになる」

取締り当局の無知・無理解で性表現の自由については日本は後進国であり、その結果として正しい知識が得られず、セックスについておおらかな態度をとれなくなり、性の抑圧に苦しむ人びとを生みだすことになると高橋は主張し、その救済のために出版活動とカウンセリングを行なったのである。

春の目覚め

高橋鐵は明治四十年、東京・芝で生まれ、父は株屋だった。父の商売は繁盛し、政府の高官や政治家が彼の邸に出入りし、全盛期には閣議の席上から電話で株の売買の指令がきたりした。母は新橋の名妓といわれた人で、明治時代の代表的美人として当時の文芸雑誌に紹介されたこともある。高橋鐵は色の白い利口な少年として、周囲の人からかわいがられて育った。物質的にも恵まれた環境の中で幼少年時代を送ったが、彼にも悩みがあった。「母は芸者」との近所の噂が少年の心を傷つけたのである。高橋少年は美しい母を愛し、内心、誇りに思っていた。彼にとって母を愛することは自分を愛することでもあったのである。自己愛《ナルシズム》の投影であった。だからこうした心ない噂には反発の念が生じた。だが、怒ってさえいれば、気が安まる性質の問題ではなかった。母の存在は少年の心に微妙なかげりを生じさせる原因となったようである。

大正九年、高橋少年は錦城商業学校に進学した。この年の夏、彼は「春の目覚め」を体験する。不遇な性学者として執念の生涯を生きた鐵氏の「心の傷跡の書」と江戸文学の研究家の岡田甫が評した高橋の性的自叙伝『或る阿呆の人性《ゆまにて》』に射精の初体験をこのように描いている。

人形のように育てられた彼が、ぼくは「男」になりつつあると驚愕したのは、中学へ入ったばかりの夏であった。月島の水練所で水泳の訓練を受けていたときそこの先生の妹でやはり女学校の一年生だったT子がいきなり彼の背中へ飛びついてきて「あたしをおぶって」と命令するように獅噛みついたのである。両手で肩を抱きしめ、むっちりした腿を大きく開いて彼の腰へからみつける。赤褌一つの少年の背にはギューッとこすりつけた女学生の乳房と腹とそして二十日鼠のようにふくれた股間の肉がぴくぴくと動いて感じられる。吸いついている。彼はT子を背負ったまま、海水の中へ倒れてしまった。

「弱虫ッ」と低く叫んだT子は、「じゃ、あたしがおぶったげる」と水着の背を向けた。「何をッ」と息巻いて彼は飛びついた。が、裸の胸から腹一面に「女」をひしひしと感じられ、赤褌に少女の腰や臀《しり》が触れたと意識すると褌の中がむずむずと固くなって思わず暴れ出した。少女はなかなか降ろそうとしなかった。そして水の中を十歩も進んだころ、彼を背負ったまま、どっと倒れた。射精というものを体験したのはその瞬間だったのである……。

後年、高橋鐵は長女に「女は男の前で妖婦であれ、友であれ、母であれ」とくどいほど教え、「だからこそ、ぼくには三人の女が必要なんだよ」と冗談にかこつけて、一穴には満足しきれない男の精神的生活を説明したという。高橋だけではなく、男には妖婦的な女性に魅了される面があるが、彼の場合、特にその傾向が強かったようである。

昭和十二年、三十歳のころ、漫画家であった友人の小野佐世男にすすめられて高橋は『オール読物』に『怪船人魚号』『交霊鬼懺悔』を発表し、新人小説家として注目を集めたことがある。二作品ともに精神分析的手法を使った作品だが、妖婦的な女性が登場する。

高橋の「春の目覚め」が始まったころ、最初に登場した女性のT子は、妖婦型に属するといえるが、このような性の体験が終生、彼の心の奥に深くわだかまっていたようである。また、芸者であった母に、彼は妖婦の一面を見ておぞましさを覚えるとともに、そのおぞましさに強くひかれていったのではないだろうか。

異常愛の救世主

T子との体験では、女性の側にリードされてしまった高橋少年だったが、雄としてもっとたけだけしく振舞わねばならぬと思うようになる体験を商業学校二年生の一学期に積むこととなった。そのころの中学生には高等小学校を卒業してから入学してくる者がいて、高橋少年などのように小学校を卒業して進学してきた者よりも二、三歳は年長であり、はるかに大人びていた。代数の授業が始まる前にそうした同級生の一人が、二人がけの机の隣りの席に座りこみ、「おい、仲よくしような」とやさしい声を出して話しかけてきた。授業が始まると高橋少年の手を引きよせて、机の下に誘導していった。

一種の〝勘〟ですべてはわかっていた。それはグングンと熱と硬さを増す、驚くほど太いものだった。ああとてもかなわない。ゴリラだと思うと胸はどきどきと高鳴りしだす。

「おい、見てろ、そいで動かすんだ」

こわごわと目を下に落すと、ズボンのMボタンをはずしてそびやかし、てらてらした紫色の小ドームだった。まだ半ばスキンに掩われた彼の未熟なものにくらべて、それは倍もありそうに見える。うまれて初めてみた大人の威丈高な秘密がそこにあった。これが昔から女性を圧伏し、又、狂酔させるそのものなのか。これが、この怪物が……と眩暈《めまい》を感じているうち……彼の手に大きな手を添えて動かしながら「ウムウム、もっと、しっかり」などとささやいて、いきなり、彼のズボンのポケットへ片手を突っこんだ。

……ズボンに垂れた変なシミや、自分のこわばった猿股の後始末にはずいぶんと苦労しなければならなかった。まるで犯行後の少年のようだった。しかし、心の底から性に目醒め、不敵不敵しく逞しくなってやろうと決意を固めたのも、それからのことだったようである。（『或る阿呆の人性』）

フロイトの学説によると、人間は同性愛を経て異性愛に移行していくという。同性愛の段階でふみとどまってしまえば、異常性愛者になってしまうのだが、このような現象はレア・ケースであると教える。フロイディアンだった高橋鐵は、変態という言葉を使うのをタブーとしていた。フロイトは正常な人の中にも異常性愛にひかれる要素があり、また異常性愛者の中にもごく普通の性感覚が潜在化していると教え、異常こそ性の心理的背景の核心であると説いた。

ひらたくいい直すならば、程度の問題もあるが、ともかく異常さを求めることによって性の楽しみはエスカレートするのであり、異常さを求める行為は、決して異常ではないという逆説が成立することになる。だいたいが、セックスをみだりがわしいもの、恥ずかしいものととらえる社会通念が「ワイセツ」なる観念を生みだし、人びとを性の抑圧下に封じこめることになったともいえるのである。

「異常愛の救世主ここにあり」のタイトルで、高橋鐵は吉行淳之介氏と対談したことがあるが、「何を正常といい、何を変態というのか、その境目がまずわからない」との吉行の問いに高橋はこう答えている。

「じつはわれわれフロイディアンは、変態ということばは使わないんです。異常というのも使わない。すべては、人のいういわゆる異常のかたまりで、それをばらばらに分析していくと、ある人はこの部分が少し出っぱりすぎているとかいうだけのことで、それは別に変態でも異常でもないというのがわれわれの考え方なんです。それで、その人が自分の出っぱっている部分に悩みをもっていたら、相談にのってなおす……というより、それをいい方向へ向けていってやろうと……それをわれわれのほうでは昇華という……」(『アサヒ芸能』昭和四十二年九月十七日号)

さらにこの対談で高橋はホモについて次のような弁護論を述べている。

「日本の男でも、潜在的には、三分の一は同性愛的な経験をしていますね。そのうちで体質的なのは五パーセントから一〇パーセント。あとは何かの精神的な原因からきている。このなかのほんとうの同性愛者に『きみ、なおりたいの』と聞くと『じつはなおりたくないんです』というのがほとんどです。ここが大事なんです。なおりたくないやつはなおせない。だから、ぼくは同性愛でもいいじゃないかというんです。……同性愛者をしてバイセクシュアリティ——両性愛にもっていくのが最後の努力です」

つまりホモ的傾向は男性が思春期に通過するハシカのようなものであり、ハシカと違うのは仮になおらなくなっても命に別状はないのだし、心配することはないと高橋は教えるのである。さらに性生活は子どもをつくるためにだけ必要であるとの考え方に対して高橋は「われわれは牧畜業者ではない」と強く反論する。セックスを種族維持のために行使したときは正常であり、そうでないケースは異常であるとの区分けは、なにごとも功利的に考える政治家ふうの俗論でしかないという。

ホモめいた体験をした商業学校二年生のころ、日本史の授業中、前の席から『壇の浦夜合戦』を写したノートが回ってきた。読み進んでいくうちに彼の心臓は高鳴り出した。

「九郎判官、指を女院の玉門へさしのべ給ひ……」

高橋少年は大きな感銘を受けた。人間のつくりだした歴史の背景には、こんな事実がいっぱい隠されていたのだ、と思うと頭に熱い血がのぼった。ノートの持ち主に談判して、一晩借りうけ、写してはオナニーし、終わってはまた写すというくり返しで、写し終えたときにはフラフラになっていた。空砲を何発となくぶっ放したのである。後年、高橋鐵はその著書で「オナニー無害論」を展開することとなるが、当時、オナニーは性的悪癖と思われ、異常視されていたのである。

マルクスからフロイトへ

彼が商業学校三年生のとき、関東大震災が起こった。住居だけでなく京橋にあった父の店も焼失し、彼の一家は転々と知人や親類の家に同居する身の上になった。父は株屋としての事業を再建するめどが立てられず、生活は窮迫していった。そのころ、アナキストの大杉栄が甘粕憲兵大尉らに虐殺されたという話が広がり、十六歳になっていた高橋鐵は、甘粕を英雄視した。彼は単純に一家が没落する原因の一つとなった震災と震災後の無秩序状態を嫌悪していたのである。

「よかったな」

と知り合いの大学生に大杉栄が虐殺された事件を得々として話し出すと、逆に問いつめられた。

「なぜ？　なぜ大杉が殺されたことがいいんだ！」

「でも無政府主義者なのでしょう？」

「無政府主義のどこが悪いの？　それにだいたい、君は無政府主義って知ってるの……」

軽蔑するような口調で問いつめられ、高橋は絶句した。実は無政府主義について何一つ知らなかったのである。無政府の状態というのは、権力なき自由な社会という認識はなく、震災後の混乱した状態と同じなのではないかと思いこんでいたのだ。

さらにこのころ、錦城商業学校に河上肇《はじめ》の弟子の北村仙司という教師が赴任してきて、マルクス経済学の初歩を講義してくれた。この教師の試験の答案に高橋鐵は、ロシア革命のさい、どうして皇帝まで殺さなければならなかったのか、と書いたことがある。すると返されてきた答案は朱筆で消されていて、「縁なき者は度しがたし、剣をもって度したのである」と書かれてあった。

ショッキングな体験だった。これまでの豊かな生活の中で身につけたヒューマニズムがいかに甘っちょろいものでしかなかったか、を思い知らされたのである。このころ、株屋として再スタートすることを断念した彼の父親は、いままでの商売とはうって変わった「都腰巻」の製造卸し業を始め出していた。高橋鐵は、自ら買って出て工場からの運搬役として働いた。大きな風呂敷包みに赤やラクダ色の腰巻を包んで電車の中に乗り込むのである。高橋少年は身がすくむ思いであった。運悪く、腰巻が風呂敷からはみだしてしまい、車内の乗客からドッと笑われたこともあり、彼は居たたまれない思いで次の駅で降りた。

だが、解放思想の洗礼を受けかけていた高橋は、このアルバイトを投げださず、働いた。余暇に社会科学の書を読み、その二年後の大正十四年には「治安維持法反対」のデモに竹ヤリを持って参加した。だが、騎馬巡査に蹴散らされ、解放への道のりがはるかなることを思い知らされたのである。しかし、高橋は挫折感にとらわれなかった。このような体験を経て、見栄や外聞を捨てて株屋の世界から都腰巻の製造卸しを始めた父を尊敬し、評価する目を持ち得たのである。かつて父が株屋として盛業時代、清浦奎吾、原敬、大野伴睦など政治家や政府高官が出入りしていたことを批判できる思想を身につけ始めていた。思えば、彼らは株の売り買いについての早耳情報を政治の場を通じて知り、政治資金や資産をひねり出していたのである。美辞麗句をつらねてどのように合理化し、正当化しようとも、彼らの政治には民衆が不在であることに高橋は気づいた。

彼の思想は先鋭化していった。だが、彼は単なるマルクス・ボーイにはならなかった。心理学にひかれていったのである。マルクス主義による人間理解は、社会的要因を重視するため、巨視的でありすぎ、また心理学的考察は、微視的でありすぎるため、社会性が後退する欠点をはらんでいるともいえる。マルクス主義の洗礼を受けながら、心理学にひかれていった高橋はこのため教条主義者・公式主義者にならずにすんだといえよう。

マルクス主義の洗礼を受けた後、なお心理学、それも性の心理学にひかれていったのはなぜだろうか。彼の言葉によればこうである。

「価値というものは、たぶん心理が決定するものだろうと思ったネ。まず、実験心理をやろうと思った」(尾崎真蔵「性の思想の先覚者」『思想の科学』昭和四十三年七月号)

そこで彼が最初に読んだのは、ハバロック・エリスの伏せ字だらけの『性心理学大系』であり、この本を通じて高橋はフロイトを知るのである。さらに震災後、神田・お茶の水のニコライ堂下に建てられたバラックづくりの大橋図書館で彼はアルバート・モーデルの『文学にあらわれた性愛的動因』を読んで、フロイトの理論にますます心をひかれていった。

ところで、これだけの説明では、彼がフロイトに傾倒していった理由を十分に解き明かすことにはならない。性の心理をまさぐることで人間を理解しようとしたフロイトにひかれていったのは、そうした「建て前」的な理由のほかに、彼の実人生に密着した理由があったのである。母の存在であった。

母にみた性の哀れ

彼が社会主義思想に目ざめた前後、彼の熱愛する母親は異常妊娠で入院した。すでに子どもはどうすれば産まれるかといった知識を持っていた彼は、父の前に股を開く母の姿にうとましさを覚えた。憎悪の念を抱きながらも母の身を案ずる彼は、産婦人科の医学書を読みあさり、性の医学的知識を身につけた。その後も続けて母は異常妊娠をした。

「お母さん」

彼は母を睨みすえた。

「もう、もう妊娠しないで下さい」

母は頭を俯向けた。畳へ涙の落ちる音が聞こえた。

「でも。……仕方がないんだよ。それは……」

彼は哄笑を押しつぶしたつもりである。しかし、涙が目に溢れ出た。（『或る阿呆の人性』）

女体の喜びを求めずにはいられない母の哀れな姿は、人間の哀れな姿であり、そうしたなまぐささの中に人間の偽らざる姿の一面があることを、彼はいやでも認めざるをえなかった。こうして、なまぐささを含めて彼は人間を理解し、愛そうと努めたのである。高橋鐵がフロイトの理論を下敷きにして性学研究に打ちこむようになった直接の動機である。

大正十五年、高橋は日大に入学し、心理学、それもフロイトの研究に打ちこんだ。テーマは性格学だった。人間の性格はそれぞれが意識下に封じこめている性の原体験や、性を抑圧されることによって生じるコンプレックスの影響をうけて形成されるとのフロイトの説に彼は心を動かされた。心理学を専攻するようになっても、彼は依然として社会科学関係の書物を読みあさった。社会問題は主としてマルクス主義で個人の問題はフロイトの理論で解明できるという考えが芽ばえていったのである。

そのような彼が、性科学の研究に一生を賭けようと決意するようになったのは、昭和四年の春である。そのきっかけとなったのは、山木宣治暗殺事件だった。労農党の代議士山本宣治はフロイディアンではなかったが、フロイトの学説には好意的関心を抱き、日本の性科学者としては当時、第一人者であった。「自慰」「性交」などという言葉を最初に使いだしたのは山本宣治である。

かねてから山本宣治＝山宣を尊敬していた高橋は、東京・青山斎場で行なわれた山宣の労農葬に参加しようと青山墓地に駆けつけた。ところが、斎場の周囲はサーベル姿の警官に囲まれており、もぐりこむことができなかった。そこで彼は墓地裏の破れた垣根からもぐりこんで斎場内に入ろうとした。だがその瞬間、墓石の陰で張りこんでいた警官に襲われ、トラックに積みこまれてしまい、初めてのブタ箱入りを経験した。

「一晩とめられている時に考えた。あんなりっぱな人が、なぜ殺されなければいけないのか。その葬儀に参加しようとした人間が、なぜ捕まらなければならないのか。性とはそんなに怖いものか、性とは何であるか。

性とは教えられるものではない。肉体自身が自覚するのである。教わらなくても体は変化する。その変化に気づいたとき、人は性と向きあうだろう。押え込もうとしてもむだだ。それをなぜ弾圧するのか。山本宣治の意志の一部をつぎたいと思った。性の研究を一生の課題にすることに決めた」（尾崎真蔵「性の思想の先覚者」『思想の科学』昭和四十三年七月号）

昭和初期のこのころは、心理学を専攻する学生は少なく、たとえば日大では一学年に三、四人ぐらいしかいなかった。ましてフロイトの心理学を専攻する者は皆無に近く、同学年では高橋ひとりであった。それというのも、アカデミズムの中で心理学の占める位置は小さく、また低かったからである。ことにフロイトの心理学は、異端の説として扱われ、フロイトの理論は学問ではなく技術であり、コジツケであるとさえ、いわれていた。だが、高橋はひたすらフロイトの理論を学び、後年、在野の性学者として活躍する基礎をこの時期に築いていった。

初体験・転向・広告

彼が初めて性交したのは二十一歳のときであるというから、初のブタ箱入りした前年の体験である。「性の解放者」「性学者」「性哲」などと呼ばれた高橋にしては、おそすぎた初体験である。それというのも彼が生涯にわたって娼婦を買わなかったためであろう。初体験のいきさつはこうである。高橋は、短歌の歌友のN伯爵家の令嬢と恋に陥った。令嬢とはいうものの、彼女は出戻り娘であった。何度かデートを重ねたが、手を握りあったり、せいぜい着物の上から、彼女の乳房をまさぐる程度の仲だった。未経験者の高橋青年は臆病だったのである。

「物たりないわ」

と彼女にいわれたとき、彼は屈辱の念で体がふるえた。もしナイフがあったら刺し殺してやりたいとさえ思った。彼女の家を訪れると床の間にある置物や肖像画の一つ一つに菊の御紋がついていた。ついていないのは便所のスリッパだけじゃないかと、と内心、にくまれ口をたたいた。「あの女、きっと蹴倒してやるぞ」と彼はイラ立った。とうとう思いを遂げる日が来た。

無残に裾をまくし上げた。真っ白な股からお腹《なか》、その中心の真っ黒毛の逆三角、彼は目まいするような気持の反面、これが貴族か、伯爵のお嬢さんか、これが女か、これがあんなにやさしい歌を作る女人か、とどなりたかった。彼は残酷に股を押し広げた。女は膝まで濡れていた。性知識の権化になった彼は圧しかぶさって一気に入れた。

なあーんだ、これか。(『或る阿呆の人性』)

その後も、高橋青年は凌辱するような気持で彼女を犯し続けた。とうとう二人は宮内庁の宗秩寮の小役人に尾行される身の上となった。

「なぜ、尾行されるんだ。ぼくらのどこが悪いんだ」

と彼は怒りをぶちまけた。

「あなたが同族でないから」

平然と彼女がこたえた。暗い憤りの念が体をかけめぐった。半月後、二人は真っ裸のまま、睡眠薬をあおった。一日半後、「斜横位」で結合したまま、二人は発見された。元執事と称する男に高橋は無理やり「別れる」という証文を書かされたが、心の中で「ふん、伯爵か、あの女の体の奥の奥まで見たぞ。あれが女なんだ」と嘲笑した。それでいて、女の哀れさに涙が溢れた。

高橋は日大心理学教室に籍を置きながら、カルピスの宣伝部に勤めた。広告心理学関係の本に目を通し、一夜づけでコマーシャルを書いたり、ポスターのラフ・スケッチを書き・月給六十円をもらった。そのころとしては破格の待遇だった。さらに松竹キネマの脚本部に転じてシナリオ・ライターとなったが、彼の書く脚本は貧乏人と金持の違いをはっきりと書きすぎるので、城戸四郎からにらまれ、新興キネマに強制転籍させられた。だが、ここも安住の地とはならず、ストライキを起こしてクビになった。

高橋は飯を食うための仕事だけをしていたわけではない。地下共産党の資金づくりをするため、そのシンパ活動として「さつき会」と名づけた公然組織をつくり、リーダーになった。学習院、文化学園、自由学園などの良家の子女から浄財を集め、党にみついだのである。メンバーには上村大将、東郷元帥の娘や岩倉公爵の妹などが加わった。この会は警察から「赤色色魔同盟」と呼ばれ、手入れを受けて潰滅したが、岩倉公の妹はこのため自殺した。

小林多喜二が築地警察署で拷問を受けて虐殺されたさい、「さつき会」の機関誌に相当する『向上の婦人』で「小林多喜二追悼特集」を行なったので、警察当局から弾圧を受けたのである。高橋は数ヵ月にわたって東京各署のブタ箱をタライ回しされた。この弾圧体験をへて高橋は転向した。自ら進んで転向したのではない。母の願いの前に屈したのである。

「タライ回しにされていると、母がもらい下げにくる。地下室から出ていくと、母がたたきに頭を下げて『すみません、すみません』と石畳に涙をこぼしている。そこでぼくが『おかあさん、あやまることはない。ぼくは悪いことをしていないんだから』というと、『また特高につかまえられて地下室に逆戻りですよ』で、結局、特高課長に『すみません』といった。うちに帰ったら、母が短刀を出して『おまえの考えていることは正しいだろう。だけどもわたしが生きているうちはつかまっちゃいやだ。やるなら、わたしを殺してからにしてくれ』という。母を殺してまで……と思って、それからぼくは性科学のほうへ転向したわけです」(「異常愛の救世主ここにあり」『アサヒ芸能』昭和四十二年九月十七日号)

高橋鐵が吉行淳之介氏に語った転向の弁である。転向後フロイディアンの大槻憲二が所長をしていた「東京精神分析学研究所」に入所し、フロイト理論に基づいて性学の研究に打ちこんだ。高橋鐵が最初に刊行した著書は昭和十一年に出版された『阿部定の精神分析学的診断』で、大槻憲二、金子準二らとの共著である。ファシズム下の暗い世相の時代だったので、男性の性器を切りとった阿部定は、「世直し大明神」といわれた。高橋らの著書は精神分析学の立場からの阿部定に対する弁論であり、「裁判長閣下」という呼びかけから始まる体裁をとっていたので、国家権力を軽視する悪書として検閲を受け、伏せ字だらけの本になってしまった。

その翌年の昭和十二年、『象徴形成の無意識心理形成』という論文を高橋は発表し、一九三七年度のフロイト賞を授与された。この年、前にも述べたように小説を書き、一躍、新人小説家として注目された。文藝春秋社長の菊池寛に目をかけられ、彼の長男が生まれたとき、菊池は特に名付け親になり、「文春」と命名してくれた。

昭和十五年の『オール読物』の新年号に直木賞候補の大作を書かないかとすすめられ、高橋は『太古の血』という野心作を書きあげた。いまから五、六千年ぐらい前の東京が舞台で大和の青年とアイヌの娘と巫女《みこ》との三角関係を描き、ラストは大和の兵士が侵略してきて抱きあう青年とアイヌの娘を殺すが、そのとき富士が大噴火をするというストーリーだった。ところが憲兵隊から呼び出しを受け、銃剣を突きつけられながら高橋は一日中、取調べを受けた。「大和民族を悪役として描くとは、けしからん」というのである。

高い椅子の上にたたせられ、下から憲兵に銃剣をつきつけられ、高橋はふるえあがった。高橋に小説を書けとけしかけた文藝春秋社にも責任があり、裏から働きかけてもらい、夕方釈放された。「もう二度と小説など書くものか！」と高橋は小説家への夢を断った。

その後、中外製薬の宣伝部長に就職し、さらにトンボ鉛筆の宣伝部長も兼任した。昭和十六年、広告界の商工大臣賞はトンボ鉛筆の新聞全面広告に授賞されたが、この広告は高橋のアイデアから生まれた。

「新聞の全紙面に、ななめに鉛筆で描かれた線が一本ひかれ、そのわきに鉛筆がある。ただそれだけの白い紙面に〝太平洋へ一線を引け〟というコピーとトンボ鉛筆の社名。当時の対米戦意昂揚の時代感覚をうまくキャッチしたアイデア広告だが、当の部長ドノは、ひそかにうそぶいたものである。
『大臣賞か、バカめ！　あの右上方斜めにつき出した鉛筆の線の角度は、男性の勃起の角度と一致しているんだ！』」（伊豆哲夫「性科学の先覚者・高橋鐵」『問題小説』昭和四十六年五月号）

このころ、高橋はさらに大政翼賛会に特殊技能者として嘱託で勤務することになった。翼賛会での宣伝部長は喜多壮一郎で、彼は手はじめに「ぜいたくは敵だ!」というスローガンのキャンペーンを行なった。軍需物資の生産を最優先させるためのスローガンである。街頭で派手な身なりをした女性に、「それでも日本人か」というビラを配らせたりした。こうして一週間後に「ぜいたくは敵だ!」とのスローガンが書かれたビラを取りはずし、「簡素の中の美しさ」と書かれたビラにはりかえさせる演出を高橋は行なった。

ところが、「ぜいたくは敵だ!」とは、ロシア革命直後のスローガンにもあったぞと、タカ派の翼賛会系の代議士から文句が出て、高橋はつるしあげられたという。小説家としての筆は折ったものの、昭和十八年ごろから、高橋は日本放送協会にラジオ・ドラマを書いている。当時のことである、反戦的なドラマは書けず、高橋は心ならずも戦争協力を行なった。屈折した生き方をしいられる戦時下の思い出をつづった彼の文章を紹介してみよう。

「血盟団（井上日召）と知りあいになったのはそのころだった。ローレンスの研究家だった岩倉公爵の関係で、現在二紀会の峰岸義一と組んで大東亜美術院を作った。ある晩、築地の料亭に呼ばれた。そこに日召がいたわけである。とにかく飲んで酔ってよくしゃべりまくっていると、突然『では、君は天皇をどう思うかね』と大声で言う。『まあ、よしましょう』と私が言うと『いいから言ってみろ』。しようがないから、『大地主でしょ』と答えると、『ばか!』と一喝された。テロリズムの本家のことだから殺されるのではないかと思っていると、芸者が間に入ったりして、ひとまず私は別室に行っていた。すると、『もう一度あいつを呼んでこい、面白いやつだ』と言ったそうだ。それからよく話しをするようになり、その後何度か新橋の料亭へ呼び出された。『君は働く人間ではない。遊んで勉強していればいい』。津田左右吉やアナキストの石川三四郎の古事記研究の話しなどした。すると血盟先生は『俺が金を出すから、古事記をやってみろ、そして報告を出せ』と言い、二百円をくれた。それで私は一生懸命、分析的に記紀を研究した。——うさぎと鰐の争いは北方民族と南方民族の闘争である。やまたのおろちは治水工事の象徴か、オロチョン族との葛藤とかいう報告を続けた。一方、美術展のほうは『大東亜神話伝説美術展』を企画した。ロマンチックでエロチックで面白いと思いついたわけだが、これまた事件が起こった。日本橋の三越本店が会場だったが、そこへ山伏がぞくぞくつめかけ『神様がみんな裸ではないか』と非難し、会場で祝詞をあげる仕末で大変な騒ぎになった。それを先生が『一人一殺』的若い者をよこしてみな追い出して納まったが、三越デパートは大変だった。戦争後期にはもうこれくらいのことしかできなかった」(「わが性探究の昭和史」)

昭和二十年八月十日、「明日、東京に原爆が落とされる」という、いわゆる「マリアナ情報」を入手した高橋は、東京から埼玉県・秩父の長瀞に逃げ、十五日に敗戦を迎えた。妻子はすでに昭和十九年に岩手県へ疎開させていた。天皇の放送を聞いて思わず拍手したところ、疎開していた人と大喧嘩になったという。

敗戦後の闘い

敗戦を迎えた時、高橋鐵は三十八歳になっていた。働き盛りである。高橋鐵の出番であった。水を得た魚のように精力的に活動した。彼は大型の名刺を刷り、行く先々でバラ撒いた。名刺の裏面には、彼の履歴が刷り込まれていた。

「一九〇七年秋、芝仙台邸内に出生せるＡＢ血液性格者、幼にして竜渓矢野文雄先生を敬慕し、そのクントウを受け軈て松本亦太郎先生の実験心理学、芸術心理学の教えをえむと日大心理学教室に入る。後、意識心理学の視野狭隘なる袋小路を去りＴＩＰＡに赴き、精神分析学をきわめその見地より論攷を世に問うこと既に廿年、一九三七年フロイト賞を痩軀に授けられる傍ら宣伝技術家協会を率い、諸官庁諸会社の顧問、宣伝部長を歴任し、寸暇に文藝春秋社、新潮社、講談社へ心理小説を放送局より劇を許多発表せり」

このような自己顕示欲にこりかたまった名刺を作り、配っても、自己嫌悪に襲われないほど、彼は燃えていたのであり、また敗戦後の世相は騒然としていたのだろうか。さすがに彼の師の一人であった大槻憲二は鼻白んだという。ともあれ高橋はたちまち戦後のセックス・ジャーナリズムの頂点に登りつめた。露店が並ぶ瓦礫の街であった銀座で、峰岸義一氏と落ちあい、企画をたて、金主をさがしだし、昭和二十一年の夏、『赤と黒』を創刊した。性の解放を旗じるしに掲げた雑誌だった。ついでながら、峰岸義一氏は二紀会に属する事業家はだの画家である。大正末から昭和初期にかけて性文献の出版を精力的に手がけた梅原北明の友人であり、いわゆる軟派物の出版については、豊富なキャリアを持っていた。高橋はよきパートナーとめぐりあったことになる。高橋は、その著書で峰岸義一氏を北明が主宰していた『文芸市場』時代からの友人だとヨタをとばしている。『文芸市場』が創刊されたのは、大正十四年、廃刊になったのは昭和二年だから、高橋の十九歳から二十歳にかけての時期であり、このころから交際があったはずがなく、またあったとしても友人と呼ぶのは不遜であろう。そのような非礼を忘れるほど、高橋は勢いに乗っていたのだろう。

ともあれ、『赤と黒』は戦後の解放感の波に乗り、高橋があきれるくらい売れた。金ももうかったが、彼を出版事業に駆りたてたのは営利を求める情熱ではなかった。

高橋は当時を想起してこのように述べている。

「用紙はチリ紙より悪い紙だったが、性をまじめに扱った雑誌で、戦中の抑圧へのリアクションに乗ったことはたしかで、みな解放感だけはあるのだが、いったい何を解放したらよいのかわからない、一種のカオスだった。とにかく、それに一本の道をつけ、全面的な性の解放を狙ったものだった。創刊号や二号の目次には、式場隆三郎、橋瓜檳榔子、林髞、大久保康雄、大槻憲二、中野江漢、江戸川乱歩、南部僑一郎、峰岸、高橋などの執筆陣。そして、二号目には思いきって福田勝治の『乙女椿《はなびら》』という写真——首から下の女が崖に腰をかけている、そしてデルタに椿の花をのせた全ページ大のヌード写真を入れたところ、出版文化協会の石井満会長から呼び出しがあり、行かないと紙を配給してくれないというので出かけていくと『あなたが高橋さんですか、私はドテラでも着てくると思っていた。紳士ですな』と言う。結局、この写真がひっかかったのである。ききただすと『ここに花がのっている』『これは陰毛《シャムハーレ》をかくすためです』というような問答があって『アダムとイヴは何故いちじくの葉をつけているのか』という反論で相手を叩きのめすことに成功した。すると、こんどは石井氏が『とにかく、こんなにたくさん、性を扱っているのが気に入らない』と言いだすのだ。『では性は誰が扱えばいいのか』ときくと『牧師にまかせなさい』と、かのクリスチャンは敗けていない。私は逆上して『この問題は発表して学界に問う！』とたんかを切って帰ってしまったが、すぐあとで出版協会から『会長がとんだことを申しまして……』と芝浦の待合で、ヤミ料理の大饗応をうけた。だが、私は『偽善者共への公開状』という論文を書いて協会の横暴を暴露した。これが戦後の性弾圧に対する第一弾である。

二十一年には『co-ed』というタブロイド四ページの新聞を出し、性教育の男女共学を目指し、よく売れたが四万円使い込まれて二年ほどでつぶれてしまった」（「わが性探究の昭和史」）

一方、『赤と黒』のほうは、四号目から『人間復興』と改題して十何号かまで刊行して廃刊となっている。

高橋鐵が戦後になって司法権力から弾圧を受けた第一回は次のようないきさつからだ。

昭和二十二年四月、レオナルド・ダ・ヴィンチの性交断面解剖図を掲載した図書がワイセツであるという理由から、高橋は板橋署に拘置されようとした。高橋は日大の心理学教室の先輩で刑法学者である植松正（当時高検検事）に連絡をとり、即日釈放してもらった。だが、起訴されたので、ただちに『反動官僚を告発する』という反論を発表して、取締り当局を相手どり、徹底的に闘うぞという姿勢を見せた。手ごわい相手と見られ、このときは「お互いに手を引こう」と担当検事側から申し入れてきた。

第二回の弾圧はドイツの裸体運動を紹介したときである。裸女が川を飛び越している写真がひっかかった。警察に出頭すると「ここが（股間をさして）黒くなっているが何か」と聞かれた。「さあ、陰毛かもしれないし、陰翳かもしれない」「陰毛じゃないのか」「何度聞かれても陰毛か陰翳か、わからないナ」で高橋はとうとう押し通してしまった。

本格的な弾圧を受けたのは、昭和二十九年に歌麿の艶笑画の復刻を行ない、彼が主宰していた日本生活心理学会の会員向け資料として配布したさいである。ワイセツ図書の頒布を行なったとの理由で高橋は何回となく検事局に出頭させられた。呼び出しの葉書に「ワイセツ図書の件」と書かれてくるので、「痴漢扱いはやめてほしい」と申し入れ、「文書の件」にしてくれと頼みこんだが、彼の申し出は認められず、あるときには「ハイセツの件」としるした葉書が舞いこんできた。このときは、結局、処分保留となった。

と、このように高橋の弾圧体験を年代記的に整理してみると、書誌研究家の城市郎氏も指摘しているように発禁にまでいたったケースは二、三にしかすぎないことがわかる。意外な思いがするのはボクや城市郎氏だけではあるまい。

百万部売れた『あるす・あまとりあ』

敗戦後、高橋鐵がその研究・著作活動を性一本ヤリに集中するようになった動機は、解剖生理学の立場から書かれたヴァン・デ・ヴェルデの『完全なる結婚』が戦後間もなく翻訳され・ベストセラーになり、その悪影響が多いことを憂えたためであるという。高橋は主張する。

「いや、だから、僕を戦後、性一本やりに方向づけたのは、ヴァン・デ・ヴェルデに対する批判ですね。あれは僕の『性典研究』と一緒にでたんです。僕のは進駐軍の妨害があって少しおくれたのですが。

ヴァン・デ・ヴェルデは、戦後の性思想に大変な悪影響をおよぼしたと思っているんです。心理性・民族性がまったくないでしょう。ペニスのサイズはどうだなんてネ、そんなものに標準なんてあるわけないですよ。それが現在にまで尾をひいていて、性器コンプレックスをあおっている。ひどいもんです。

いや、だから、あれを読んだときに、どうしてもあれを退治しなければいかんと思いましたネ」（尾崎真蔵「性の思想の先覚者」『思想の科学』昭和四十三年七月号）

激して語る高橋のこの言葉を島崎道夫医博に補足してもらうとこのようになる。

「ご存知のように戦後、陽の目をみたヴァン・デ・ベルデの『完全なる結婚』は産婦人科医である著者が解剖生理学の立場から性器と性交の技法について詳細に解説したものであったから、これは当時の若い知識層や多くの医家にとっても性の啓蒙書として重要な役割を果たしていた。このような解剖生理学的な記述は一般の方々にはやや難解に思われたかもしれないが、医家にとってはなじみやすいものであったから珍重された。また、たしかに性感帯の重要性や、その部位への徹底した前戯の指導は、それまで不感症気味であった婦人を開眼させるといった有効性もみとめられた。しかし、性の知識としてでなく、さらに多数例についてこれを医家が性不全の患者の治療に活用してみると、患者のうちにはもっと複雑な心理規制が働いていて、性感帯への刺激がそんなに簡単に好ましい快感反応として現われてこない症例も実際にはしばしば経験していたのである。つまり、性反応というものはもっと心理的な要因が複雑にからみ合っておこるのだろうと漠然とした形ではあったが、気づいていた。しかし、当時としてはそれを実証する方法がまだ開発されていなかったので、あまり表面立てて論議もされなかった。

ところが、高橋性学はこの盲点を衝いて、〈心理的な性交〉の必要性を唱導したのである。

この時代の医学思潮の変貌を顧ると、戦中米国において勃興した精神身体医学が、その初期は精神分析学を基礎理論として発展し、心身相関のつよい諸疾患に適用して、米国ではすぐれた効果をあげていた。これが戦後、わが国の医学界にも輸入され、精神身体的疾患の一つである性的障害の原因を説明する方法として重視されたのである。

このような時代的背景のもとで、ヴァン・デ・ベルデの性生理解剖学が批判され、ここに新たに高橋氏によって性心理学的アプローチが、この領域に導入されたことはまことに時機を得ていたということができよう」（「高橋性学と現代医学」『えろちか・高橋鐵特集号』）

このような考えから、高橋式性学体系は年を追って形成されていったが、島崎道夫医博によると、その分野の著作は「基礎性科学」と「臨床性科学」に二大別でき、次のように分類できるという。

A　基礎性科学
(1)『りんが・よに』……性器の解剖学
(2)『あるす・あまとりあ（性交態位62型の分析）』……性生理学
(3)『続・あるす・あまとりあ（性愛雰囲気86法の分析）』『紅閨秘篚』……性心理学
(4)『あまとりあ選書第2集（異常性愛36相の分析）』『あぶ・らぶ』……性病理学

B　臨床性科学
(1)『人性記』……病前史
(2)『結婚教室』『せっくす・かうんせりんぐ』……症例研究
(3)『愛感測定法』『性感の神秘』……臨床性医学
(4)『あまとりあ選書第1集（性愛五十年）』……性教育テキスト

(5)『エロス福音書』……性の精神衛生
(6)『女とは』……女性のこころと体

この著作のうち、超ロング・セラーとなり、百万部を突破したのが『あるす・あまとりあ（性交態位62型の分析）』であり、高橋は大宅壮一から「あまとりあ教教祖」などと呼ばれたりした。彼の代表的著作の一つである。

「性愛の目的が女性器に男性器を嵌入するだけだとしたら簡単であり、又はかない物理現象にしか過ぎない。人間の徴妙な心理に於ては、性器の結合は愛の肉体的象徴であり、頂点《アクメ》であるだけで『全身の接触』『魂の接触』がそこに附随しなければならない」

このような観点にたつ高橋鐵は「心理的な性交」の必要性を『あるす・あまとりあ』で説いた。もちろん観念的に愛の技法を述べたのでなく、「性交態位62型の分析」を行ない、態位に伴って生ずる深層心理の変化をあわせて解説したのである。同書は性交態位の研究書としては世界的な名著であるといっても決してほめすぎにはならないだろう。

『あるす・あまとりあ』がそうであるようにセックス・カウンセラーの役割を果たす彼の著書で性の悩みを解決した人は多い。高橋の著書が百万部を超えたのを記念して、伊豆の網代温泉で「著書百万部突破祝賀会」が開かれたさい、参会者たちは艶笑川柳を競作した。

不感症高橋鐵を伏し拝み

仏文学者の矢野目源一のこの作品が、一等を獲得している。

皇太子も性の悩みを高橋鐵に解決してもらった一人である。二十歳を過ぎても女性に関心を持とうとしない皇太子を心配して学友たちが高橋に相談を持ちかけたのである。彼は著書の『人性記』『りんが・よに』『性愛五十年』を持たせてやった。学友たちは門番にチェックされないようにと表紙を破き、ポケットに忍ばせて無事、皇太子に手渡した。

皇太子は学友とろくに話もせず、むさぼるように高橋の著書を読みふけり、「のどがかわく」といって紅茶を何回となくお代わりした。そして「実際のサイズはどのくらいだろう？　高橋さんを訪ねるわけにはいかないし」とつぶやいた。学友たちは高橋鐵の家を訪れ、図や写真を借りてきて皇太子に見せた。その後、皇太子は結婚し、子どもをもうけたが、この一件をかぎつけた警視庁は、高橋鐵を「任意出頭」させて取り調べただけでなく、イヤがらせとして八王子の医療刑務所に二十九日も拘留した。もちろん皇太子が差し入れに訪ねてきたという美談は残念ながらない。

千人の性体験レポート

高橋鐵が主宰していた日本生活心理学会のルーツをたどると、昭和十五年に内閣情報局の外郭団体として出発した団体で、戦後、しばらくの間は休眠状態であったのを、昭和二十五年に高橋が再発足させた団体である。昭和四十年に性の生活心理を研究する団体として社団法人の認証を得たが、再発足したさいには、高橋鐵を主宰者とする任意団体だった。同会の会則第一条を紹介してみよう。

「本会は、人性把握の面に於て最も未開拓な性の研究を生理学・臨床医学・心理学（特に精神分析学）・美学・哲学・教育学・文学・言語学・民俗学・史学・法学・犯罪学等の凡ゆる角度から徹底的に追求し、個人の幸福・公共の福祉を図ろうとする真摯な客員と会員とによって構成される」

入会希望者は家族構成、最終学歴、職歴などのほかに性歴という項目に、最初の性体験、オナニーを始めたのは何歳か、現在までの異性遍歴などを書きこむことを要求された。会員の三分の一は医者であり、性医学の研究に役立てたいと入会した者で占められていた。会員の中には知名士がそろっていた。扇谷正造、高木健夫、入江徳郎、南部僑一郎、開高健、大江健三郎、宇能鴻一郎、それに山本周五郎も客員の一人だった。会員は、東京板橋区の常盤台にある高橋家を訪れ、彼にヤックス・カウンセラーになってもらい、性の悩みを解決してもらったり、あるいは資料を自由に見せてもらえた。常盤台の高橋家は「性学の松下村塾」となり、来客でにぎわった。

生活心理学会の活動の中心は機関誌『生心・レポート』の発行であり、同誌には会員の赤裸々な性体験が満載されていた。タイプ印刷でB6判百数十ページの小冊子で、会員だけに配られるシステムになっていた。昭和二十五年から五十五年まで三十七集、刊行されている。性文献関係の出版社として知られている三崎書房（倒産）の林宗宏・元社長は、『生心・レポート』の内容と意義について週刊誌記者の質問に答え、次のように絶讃している。

「高橋さんはセックスはエロに限定されるものではないとつねにいっていた。『生心・レポート』の基礎になったのは、小倉清三郎・ミチヨ夫妻の共著『相対会研究報告』で、ナマの人間のセックス告白日記だから、フィクションとは違った迫力があり、読めばまさにエレクトの連続です。だからこそ健康的なのであり、役人や学者が立案して行なっている性教育より数段価値がある」

もっとも、これは八分の真実を建て前に合わせて週刊誌コメント用に発表したものである。後に「ホントかね」とボクが聞いたところ、「『生心・レポート』は『相対会研究報告』に比べると、ツクリがあってね」とそっと教えてくれた。「ツクリ」とはテレビの「ヤラセ」に相当する。

『生心・レポート』は会員以外に売るのはもとより、貸してはいけないと会規に定めておいたのに、これを守らない会員から非会員に流れ、その一部が闇から闇に売り渡されるという事態が起きた。かねてから目をつけていた警視庁は高橋を「わいせつ文書画販売等容疑」で摘発。こうして延々十五年にも及ぶ法廷闘争がくり広げられることとなった。先に引用した伊豆哲夫氏の「性科学の先覚者・高橋鐵」に高橋銀治弁護人が東京地裁の法廷で行なった弁論の要旨が紹介されており、高橋鐵が官権からいかに不当な扱いを受けたかがわかるので引用してみよう。

「『おめえが高橋か』という検事の暴言から高橋に対する調べが始まっております。……当時高橋被告が病中であったことは明瞭であります。この病人をロクに調べもしないのに呼出しては長時間ゴザ一枚敷いた板の上に座らせておくということは、全くの拷問であります。

その苦痛は健康体の人が二つ三つ殴られるのとは比較にならぬのであって、その取扱いについて刑務所当局が心配していた程であります……逃げも隠れもしない立場の人間であるのに拘らず、又証拠品である文書図画の存在は何ら争っていないにも拘らず、全く不必要な勾留を、しかも不必要に長くしております。もっとも、勾留は裁判所がしたのでありますが、何故検事は保釈に強硬に反対したかということであります。

また参考人に対しましても、ことごとくというほどに誘導訊問が行なわれていたことは当法廷に於て明らかにされたところであります。『医師免許状を取上げられるかも知れない』というような単なる誘導以上の訊問も行なわれていたのであります。

この馬鹿らしいまでに悪意に充ちた捜査が本件の様相を異常なものにしているのであります……何れにしても、このようなことは人権の蹂躙であり、明らかに刑事訴訟法第百九十六条に違反しているのであります……。

このように公益代表者の立場を失った検察官の公訴、刑事訴訟法の規定に違反してなされた捜査と、この違法な捜査によってなされた公訴は不適法として公訴棄却の御判決を求めるものであります」

この法廷闘争は最高裁まで持ち込まれ、結局、二審判決が支持されて五万円の罰金刑をいい渡され、形式的には高橋は敗訴した。しかし、司法権力側は、判決の出る三カ月前、彼から押収した「ワイセツ文書、図画」のことごとくを返還してきた。異例の措置である。

罰金刑になったとはいえ、「より限定された真摯な学究の間において、此の種文書又は図画を適法に取り扱い得る場面もあり得ることは考えられる……」との最高裁判決を引き出したのは、高橋鐵の不屈の闘志がもたらした成果といえよう。

高橋は長期にわたる法廷闘争を維持するため、印税や原稿料を投入しただけでなく、体力も投入した。最高裁判決のくだされたのは昭和四十五年九月だが、その数カ月前、入院し、高橋は直腸ガンの手術を受け、いったん退院した。同年十二月再入院して、加療していたが、昭和四十六年五月三十一日朝、亡くなった。行年六十三歳であった。不幸中の幸いはガン患者特有の激痛に身をさいなまれずにすんだことである。長期にわたる法廷闘争と闘争を支えるための執筆活動、そのストレスを解消するための度をすごした酒、さらに弾圧にさらされている日本生活心理学会の維持等々に彼の生命力の大半はすでに使いつくされていたからであろうか。

入院中、死期が迫っているのを察した高橋は、「ぼくはなんでこんなこと(注・性学)をしてきたのだろう。ぼくは生涯何をしてきたのか」と泣いたという。ふと気弱になったのだろう。それでもすぐに気を取り直して入院中も、体力の許すかぎり原稿を書いていた。亡くなる前夜、担当の医師に「先生、私にもう少し生命をください」と頼んだという。日本人の性意識の転換と性表現の自由を闘いとることを念願にしていた高橋は死んでも死にきれない思いにとらわれていたのだろう。高橋鐵の死を犬死にさせてはならない。

梅原北明

好色型反骨派の猥本屋

性解放をめざすジャーナリスト

梅原北明は、大正末から昭和初期にかけて、性文献と艶笑本の出版活動をエネルギッシュに展開した男である。昭和も半世紀を過ぎた現在では、その名前と活動歴を知っているのは好事家やごく少数の年配の人たちであり、若い人で彼の名前を知っている人がいたら、「雑学的物知り」としてのAクラスの部類に入る。そこで北明のプロフィールを手早く紹介するために、書誌研究家の城市郎氏の文章を引いてみよう。

「梅原北明は伝説の人である。昭和初期〝エロ〟出版のオルガナイザーといわれ、やみくもに〝ワイ本〟を出版して罰金刑・体刑をなんどもくらう。刑務所からでてくるたびごとに、金鵄勲章ならぬ禁止勲章授与、数十回と読者に声高らかにアピールする。役人に追われシャンハイへ逃げ、かの地で〝ワイ本〟をせっせとつくって、珍書愛好家たちから〝われらが梅原〟とうたわれ、反面、ケイサツから正気だか気ちがいだか、ワケのわからぬ〝ワイ本出版狂〟と見なされる。自分の雑誌の『グロテスク』が発禁になると、『急性発禁病のため永眠』という黒ワクがこみの死亡記事をデカデカと新聞に出して、世人をビックリさせる。罰金刑がかさなると〝罰金祝賀会〟を大々的に開いて、当局のハナをあかしたりする。こういう北明伝説にはキリがない」(『禁じられた本』桃源社)

この人さわがせな男、北明は実をいうとボクの父である。そのため、書きにくいことおびただしい。肉親ともなれば、ホメて悪し、ケナして悪しで。それでいて客観的に書こうとすれば血がさわぐ。北明が亡くなったのは、昭和二十一年で、四十六歳だった。今のボクの年齢から比べれば、年下である。北明の亡くなった年齢に近づきだしたころから、ようやく平静な心でその生涯を点検できるような心境になりだしたが、それでも書きにくい。

一般的にいって、たいていの人は、その父を敵として、あるいは時として味方にしたりしながら、大人になっていくわけだが、敵とするには北明は手ごわく、おかげでほかの人よりボクは割りをくっている。

いまのボクからすれば北明は「碁がたき」のようなものであり、憎さも憎し、懐しくもあるといった奇妙な存在である。現在のボクの表芸は「宗教ジャーナリスト」である。「性ジャーナリスト」であった父親とかけ離れた分野で仕事をするようになってやれやれと思ったが、よくよく考えてみると、性は宗教を生みだす母胎の一つになっており、依然として北明の亡霊がボクにまつわりついているのである。

いいや、それだけではない。北明は「性の解放」を主題の一つにすえ、ボクは宗教を通して「土俗」に関心を深めていったのだが、「性」と「土俗」への関心は、閉塞状況を打破しようとの意図を秘めている点で共通しあう。北明の『近世暴動反逆変乱史』が復刻されたさい、早稲田大学の鹿野政直教授が「天下擾乱への期待」との見出しで解題を書いたが、その文章でいいあてられているのである。

「一九二〇年の戦後恐慌にはじまる経済危機は、二三年(大正十二年)の関東大震災ののちは慢性的にさえなった。そして、昭和は金融恐慌とともにあけ、やがて世界恐慌の波による破滅的状態へとつらなってゆく。……梅原北明の思想的生涯もまた、もとよりそれは、一般的には日本近代史全体のなかで考えられるべきとはいえ、特殊的には、こうした一九二〇年代状況を背景としてとらえるべきものである。この時期の思想の、たしかに全部ではないが、少なくとも一部は、閉塞状況を全身に感じつつ、そうした状況の打破を志したのではなくとも、それへの渇望をこめて、状況への突進をこころみるべく、より根源的なものへ向かったが、北明も、その一人としての位置を占めている。大本教……の場合、その根源的なものとは、〝土俗〟的な価値を意味したが、北明の場合、それは、人間的なものの根柢をなすとしばしば考えられる性にほかならなかった。そのようにもっとも根源的なものにつきあたり、それをよりどころとすることによって、かれらは、現実の秩序を仮偽のものとみる視点を獲得して、それをつぶすことはできなくとも、あざ笑うことができたし、また、不安と浮遊の時代のなかに、おのれみずからの存在感を確認して、救済への志向をひとまずはみたすことができたといえよう。

しかもこの〝土俗〟と〝性〟は、近代日本で抑圧されてきた諸価値のうちで、ある意味ではもっとも象徴的な性格をもつ部門をなしていた。〝土俗〟は、日本の西欧化と画一化の過程でおしひしがれ、二重構造の下部をかたちづくることを余儀なくされたし、〝性〟は、人間の、解放への志向に一条の道をつける部門として、また、家族制度をゆるがす可能性を秘める部門として、政治的自由をもとめる思想とならんで抑圧の対象となってきた。その点でもいずれも、オーソドキシーにたいする怨恨を代表させる資格をそなえていた部門であった。ただ、この二者に異なる点があったとすれば、〝土俗〟的価値への回帰の主張者たちが、みずからをこの列島においてより本源的な存在とすることによって、オーソドキシーへの簒奪の志向を秘め、ないし往々にしてあらわにしていったのにたいし、〝性〟の価値への依拠者たちは、そうした〝きまじめさ〟をおおむねはじめから断念していて、〝いんちきさ〟、〝いかがわしさ〟のなかにみずからを、やや偽悪的にうずめることによって、オーソドキシーの神聖さを滑稽化する視点を獲得していたことであったろう」

大急ぎで注釈をつけ加えるならば、ボクの場合、「土俗」に関心をもってはいるが、「きまじめ」ではないという点であろう。ともあれ、父親のはたした仕事の領域から、せっかくのがれでたと思っていたのに「マタ、オ会イシマシタネ」という感が深い。

北明の伝説的虚像

梅原北明は、無姓ヒロヒトと同じ年に生まれている。もっとも、それは梅原北明の責任ではない。全くの偶然である。

「ボクは天ちゃんと同じ年だよ」

とは、生前に北明が年齢を聞かれたさいによく答えていた言葉だった。ところが、これまで梅原北明について書かれた文章はそのほとんどが一八九八年生まれとなっている。無姓ヒロヒトと同年齢なのだから、一九〇一年生まれである。実際は一九〇〇年一二月末生まれだが、戸籍面では一九〇一年一月生まれとなっている。なぜこのような誤差が生じたのだろうか。

北明が敗戦の翌年に死んでから、数年後、北明を紹介した文章が『あまとりあ』誌に載った。書き手は北明の友人であり、先輩でもある少雨荘こと斎藤昌三だった。斎藤はその時、「梅原北明は明治三十一年(一八九八)、富山市の士族の子として生まれる」と書いたが、そのため、それから以降、北明について書かれた文章は、一八九八年生まれとして扱うようになったものと思われる。

野坂昭如さんが梅原北明をモデルにした『好色の魂』という小説を書くのに先だって、北明の長兄で、北海道小樽市で歯科医院を開業していた梅原貞勝から取材したおりに、こう述べたことがある。

「北明サンはずいぶん若い時から活躍したのですね。仕事の内容と業績からいって、二十代から三十代初めにかけて行なったとは思えませんね」

斎藤昌三の記憶違いというより、周囲から若く思われないために北明は自ら年齢をごまかしていたと推定されるのである。北明の従事してきた職業を思いつくままに並べてみると、医局生、下級公務員、雑誌記者、新聞記者、文献収集・整理屋、作家、翻訳家、雑文屋、出版業者、興行師、教師、貿易商、宗教屋などであるが、二十代から三十代前半にかけて自らも書き、出版業者として精力的な活動をくり広げたさい、「若くみられたくない」という多分に営業性を帯びた計算から、年齢詐称を行なったのではなかろうか。

それに北明には、嘘言癖があった。悪意からでる嘘というより、話を面白おかしくして、聞き手にサービスするために嘘をついたのだが、そのため、年齢の件以外にも虚像的な伝説がかなり流布されていることは事実である。たとえば、北明の晩年、両側に情婦と本妻を寝かせておいて、両方からお座敷がかかるので、体力の衰えていた北明もさすがにネをあげたという話を清水正二郎さんからうかがったことがある。

北明の青年期については、幼児だったボクは、北明がどのようにスケベエであったか、また聞きの話だけで詳しく知るよしもない。けれども、晩年期については、当方も少年後期に達しており、父親の暮らしぶりを見ていたので、そのようなことはなかったと証言できる。このような虚像が流布されているのも、北明と同時代に立ち会った知人たち、たとえば今東光、斎藤昌三らの生き証人が亡くなり出しているからだろう。

反抗に徹した少年期

ともあれ、北明の生年は明治三十一年であるといわれてきたが、事実は明治三十三年末に富山市で生まれたのである。梅原貞義、きくい夫婦の二男として生まれ、貞康と名づけられた。生家の家業は生命保険の代理店であり、息子たちを東京に遊学させ得たのだから、生活にはゆとりがあったものと思われる。

父の貞義は富山市きっての剣術家であり、後に北明が早稲田大学に入学したさい、戦前の日本では有数の剣の使い手として知られた中山博道が貞義の門人であったことから、東京での保証人となっている。梅原家は士族の出身であり、北明の祖父は富山藩の藩士であったという。後年、北明が権力にさからったり、からかったりした下地は、少年期に〝士族の家風〟になじまず、その理不尽さに反逆心を燃やすことによって形づくられていったからだと思われるふしが多い。

たとえば、年齢差から長兄と小遣いの面で差がつけられているのだが、北明にとっては不愉快だった。菓子屋で長兄が「あれをくれ、これをくれ」と金の支払いを気にせず、むしゃむしゃ食べている姿が少年期の北明にとって、ひどくうらやましいものに思えたという。北明に与えられている小遣いではとてもそうしたまねはできなかった。計算しながら食べねばならず、それも、もうこれでいいと思うまで買食いできなかった。しょっちゅう満たされない思いで菓子屋を出なければならなかった。そうした長兄なのに食事のさいにもオカズの面で北明と差がつくのである。いや、それだけではない。庭掃除などでも北明のほうが兄よりも「負担部分」が多かった。兄は跡とりであり、よけい勉強しなければならないというのがその理由だった。文句をいおうにも〝長幼序アリ〟で絶対服従が要請された。

差別がつけられるのは、「ひょっとすると自分は両親の本当の子ではないのか……」と少年北明は考えた。ニンジン的悲哀を感じたのであるが、北明とニンジンが違うのは、そのフラストレーションをイタズラで発散する点であった。富山市を流れる神通川で泳いでいる最中、北明少年がおぼれて行方不明になったというデマを、友人の少年に自宅へ知らせに行かせ、自分は土堤の陰にかくれて、ふだんは謹厳な父親が家人と一緒に河原で取り乱している様子を安堵の思いと「ザマアみやがれ」といった気持で眺めていたという。

父親から、しおきをされるのは毎度のことで、たいていの場合、カシの木でつくられた双六盤に一晩中、正座させられたが、父親の寝すますのを弟に監視させ、「寝た」と聞くと家を抜けだして友人の家で泊まり、早朝、家にもどってきて何くわぬ顔をして双六盤の上に正座をしているのだが、父親にばれるようなヘマはしなかった。

少年期の北明が生気を取りもどすのは、やはり家庭外での生活であった。近所の子どもたちのガキ大将的存在であり、北明がタバコと女の味を覚えたのは小学校六年生の時であるという。もちろん、こうした事実は非行化という側面を持つが、北明をとりまく「壁」への抵抗、実体もないのにいばっているものやとりすましているものへのいやがらせのほうにウエイトが置かれた行為であったといえよう。

息子のボクがタバコを本格的に吸いだしたのは中学三年になってからだから、北明より三年おくれをとっていることとなる。不覚にもタバコを吸っているのを北明にバレてしまった。だが、北明は小言がましいことはいわず、「タバコを吸ってもいいが、家人以外の者にみつからないように吸え」といって、手つかずの「桜」を一箱、ポンとボクに寄越した。それでいて、父と一緒に旅行したさい、汽車の中で「タバコの火を借りてこい」とボクに命じ、借りてくるとそのタバコからさらに火を新しいタバコにうつし変え、ボクがタバコを吸っていても平気な顔をしていた。車中の人々が変な顔をしたのはいうまでもない。

北明は中学校を三回かわっている。二度退校処分にされているのである。退校理由はいずれもストライキの有力加担者、あるいは首謀者としてである。

最初は金沢一中に入って島田清次郎らとストライキを起こし、中学三年の時に富山中学二年に編入している。玉川信明さんの調査によると、富山中学の二年生時代の成績は、四百五十八人中の七十番で、語学がすぐれていたという。これはまずまずとしても、素行欄の性格の項には次のように記載されており、玉川さんは「こいつはいいや」と思わず吹き出してしまったという。

性質——性急

志操——軽薄

挙動——軽率

結局、最後に卒業した学校は京都の平安中学だが、ここではあまり問題を起こさずに卒業できたのは、野球選手として練習に余念がなかったためであるという。北明の左手の小指は、人なみに屈伸できなかったが、これは野球のさい、つき指したためで、ポジションはショートだった。当時の中学生は正課として剣道か柔道を選ばなければならなかったが、北明は柔道をまなんだ。剣術家である父へのつらあてになるからであろう。後年、北明は人名簿をつくるためにアンケートが送られてくると〝趣味〟の欄に「柔道」と書きこんでいた。武道家がことさらに強調したがる精神修養的な面へのあざけりであり、いやがらせでもあった。とはいうものの、艶笑本の出版だけでなく、自分でも書いていた北明なのだから、「ネワザ」を修業した点で、趣味を柔道と書いてもつじつまは合う。北明の趣味は正確には釣りなのだが、彼はことさらに釣りとは書かなかった。

左翼思想の洗礼をうける

中学卒業後、北明の放浪生活がしばらく始まる。上京した北明は上級学校に進学しないで医院の書生となるのだが、薬局から高価な薬を持ち出して売り払い、吉原通いに専念する。結局、露顕して医院から放逐され、手づるを求めてまず郵便局員となるのだが、中学時代からやたらとストライキを起こさせるような性分の北明に長く勤まるわけがない。辞めたり勤めたりのくりかえしが続き、とうとう行き詰まってしまった。この時はよほど困ったとみえて、血判を押した詫び証文を生家に送って、入試勉強をするための学資を送るよう頼みこんでいる。

こうして北明が入学したのは早稲田大学の高等予科だが、それも両親には慈恵医大に入ったからとあざむいているのである。両親は北明を医者にするつもりだった。医者になれば、生活が安定するという利点があるし、それに北明の性癖に手こずっていた両親は、文科にはいればますますその性癖が助長することを恐れていたからである。

北明は医学書を買うという名目で送らせた金で文学書を買いあさっていたが、チエホフの英訳版の全集が買いたくてたまらず、病気を理由にして送金させ、チエホフ全集を下宿の本だなに並べて悦にいっていた。ところが、両親が北明の病気見舞いをかねて、突然、予告もなしに上京し、北明の下宿に訪ねてきてしまったのである。

本だなには医学書など一冊もなく、文学関係の書籍ばかりである。いっぺんにニセ医学生であることがばれてしまい、以降、学資の送金が途だえてしまった。

そのため、北明は苦学を余儀なくされ、雑文を書いたり、翻訳したりして金をかせぎだした。ところが、仕事を斡旋してくれる先輩や友人が左翼系の思想の持ち主だったため、北明も感染する。アルバイトをしたてのころは、かせぎも少なく、月謝を絶えず滞納した。大学当局は見せしめのため、滞納者を掲示板にはりだしていたが、尾崎士郎とともに北明は滞納の常習者であったという。下宿代も払えなくなり、下宿を追い出されそうになった北明は、友人たちとグルになって、目黒のほうにある庭つき門構えの家をタダ同然で借りることに成功した。

一ヵ月ほど友人と交替で真夜中にその家へ忍びこみ、便所のくみとり口から、先にコンニャクを結びつけた棒で用便中の人たちの尻をなで回したのである。何度となく、尻をなでられたその家の人たちは、がまんできず、引っ越していき、「あの家には幽霊が出る」との噂がたった。かくて友人たちと共同でその家を借りたのである。北明と同じような左翼系の苦学生がころがりこんできて、当世風に表現するならば、共同体《コンミューン》が形成されていった。

左翼思想の洗礼を受けたとはいうものの、もともと茶目っけが強い北明は、幽霊屋敷のコンミューンに住みついた友人と語らって有名人の標札の収集に熱中したり、女学校の校札の裏に精緻をきわめた春画を描いて回った。金持の娘どもを集めて高い月謝をとり、良妻賢母教育を売り物としている名門校が、北明たちの標的とされた。だが、微にいり細をうがったせっかくの傑作も気づかれないままになっているので、北明たちは物足りなく思い、学校の校長あてに投書した。「良家の子女を教育する学校の標札の裏に口に出し、筆にするのもはばかれる春画が描かれているが、これはゆゆしき天下の一大事である。文部省あたりに相談して問題にしようと思う」といった内容の投書だったが、文部省あたりで問題にされるどころか、早速反応があって「そもそも警告した投書の主が春画の描き手ではないかと、所轄署では捜査中」と万朝報《よろずちょうほう》が報じた。そのため、気の弱い友人の一人は早稲田大学を中退しただけでなく、左翼のほうもついでに中退してクリスチャンとなり、京都の同志社大学に転校していったという。

部落解放運動から創作活動へ

北明のほうは早稲田大学英文科に籍を置いたまま、アルバイトに専念していたが、どうせ学校にろくに顔出しもせず、そのくせ月謝だけはとられるのは不合理だと思い、間もなく中退してしまう。当初、北明は思想的には片山潜の影響を受けたというが、このころにはアナルコ・サンジカリズムにひかれていた。北明が早大に入学した大正七年にはロシア革命が成功しており、米騒動、黎明《れいめい》会の設立などが相つぎ、のんべんだらりと、大学などに行っていられるかという思いもあった。中退した北明は関西の未解放部落のど真ん中に住みつき、セッツラーとして実践運動に従事する。

全国水平社の結成を翌年に控える大正十年、北明は、部落民の大会を開くことを企画する。北明たちが選んだ大会の会場は、本願寺の境内だった。というのは、部落民には門徒が圧例的に多かったからである。本願寺の信仰、つまり浄土真宗の教義は来世での往生を約束する。この世での生活は、まるっきりダメな者でも、ナムアミダブツと唱えれば、西方浄土にあるという極楽にまちがいなく生まれいくとの教えである。現世で不当な差別をうけている部落民にとって本願寺の教えは、魅力的であった。さらに僧侶たちが、その教えをよりアヘン化して部落民に説いた。せめてあの世で救われたいと願う部落民たちは、きそって募財に応じた。

部落民は本願寺教団のドル箱だったのである。そうしたいきさつからいっても、本願寺では部落民に境内を貸さなければならないと北明は判断した。北明は境内で、本願寺が長い間、部落民を搾取し、だまし続けてきたことへの弾劾演説を行なう予定でいた。ところが、事なかれ主義を本分としている本願寺側は、この申し出を断わってきたのである。北明たちは、やむを得ず大阪・中之島公園で大会を開いた。後年、北明は自分が主宰して刊行した雑誌『グロテスク』で、「世界の内房」と題する座談会を行ない、本願寺の法主の性生活を暴露して、シッペ返しをしている。

部落解放運動に従事したのち、北明は上京し、震災後の雑司ヶ谷に落ち着き、「青年大学」という小さな雑誌社に勤めた。雑誌記者をするかたわら北明は『真面目な放浪者』という小説を書いたが、次作の『殺人会社』という小説が北明の処女出版となる。二十五歳の時の作品だが、同書には梅原北明著とあり、このとき初めて北明というペンネームを用いたものと思われる。

ペンネームのいわれは、北が明るい——ということであり、ロシア革命への期待感がこめられている。とはいうものの、後に紹介するが、この小説の内容からわかるように北明は「純血左翼」では決してない。北明はこのほかに烏山朝太郎、談奇館主人、ずっと後に吾妻大陸というペンネームを使っているが、このうち烏山朝太郎はシナ研究家の後藤朝太郎にあやかったものであり、談奇館主人は永井荷風の偏奇館主人という名を慕ったものである。悪性シュヨウで死んだ正岡容ほどではないが、北明の荷風への傾倒はかなりのものであった。

吾妻大陸というペンネームは、戦争中、北明が憲兵に追われ、地下にもぐったさい生活費をかせぎだすために大衆読物を書いたとき、使用したペンネームである。日本が中国大陸へ侵略していたご時世に合わせたペンネームであるが、北明が憲兵ににらまれて行方をくらます直前、後妻の初子と打ち合わせをしておき、このペンネームが大衆雑誌に登場しているかぎり、健在であるからということになっていたらしい。ペンネームで憲兵の目をかすめながら、妻に信号を送っていたのだ。こうした面からもペンネームを利用したのは、北明がアイデアマンであった側面を物語るものといえよう。

『殺人会社』は、三太郎という主人公がアメリカの〝殺し請負業者〟のところで働くというストーリーだが、城市郎氏の分析によると、主人公の名前を三太郎としたのは、当時のベストセラーであった阿部次郎の『三太郎の日記』に象徴される大正時代の教養主義への反発からであるという。阿部次郎の描いた三太郎と違って、北明の描いた三太郎は教養主義のカケラもないニヒルな男である。黒人運動指導者やユダヤ人リンチ事件首謀者の暗殺に加わるが、彼の属する組織はただ単に殺すだけではなく、人間の罐詰を製造するという、なんともすさまじいストーリーなのである。『殺人会社』という標題の下に〝悪魔主義全盛時代〟というサブタイトルがついているのもうなずける。

官権への最初の抵抗

『殺人会社』を書いた後、北明は千葉県佐倉の中農の娘、美枝子と結婚し、居を千駄ヶ谷に移す。北明の最初の妻となった美枝子は、良妻賢母型の教養志向派であり、北明の母親や親族たちはこれで北明も無軌道な生活から足を洗うことができると期待をかけた。だが、その期待も束の間で、北明は公序良俗に反する出版・著作活動を行ない、官権の側から危険人物視されることとなるのである。

妻帯後、北明は雑誌社を退職し、大衆小説の書き手としてそのころすでに名をなしていた沢田撫松にスカウトされ、新聞社に勤めるようになった。後に、北明が主宰して刊行した『グロテスク』誌の昭和五年一月号で行なった小特集「人を食った男の評伝（梅原北明の巻）」に記者仲間だった鈴木龍二氏（現セントラル・リーグ会長）が次のような小文を寄せている。

「新聞記者時代の彼」　　鈴木龍二

栗鼠のような素早しこさと第六感の明るい閃きを持った、まア、近代的新聞記者として鮮やかなるフェヤー・プレーを持った男はかれ、梅原北明の新聞記者時代であった。

◇

或る殺人事件に、各新聞社の記者は、殺された女の写真を手に入れるべく、まるで餓狼の如く駆けめぐって居る時、何時、何処で上げたか其の写真を懐中に秘めて、群星記者諸君の東奔西走する中を、悠々と、落ちついたテンポで、然かもセレナーデの小唄か何かを口ずさみながら引き上げて行くと云うのが、新聞記者時代の、彼、梅原北明であった。

◇

現在は知らず、その昔は貧乏記者の御多分に洩れず、冬洋服と云ったなら、タキシードが、たった一着、しかもそれたるや色いたずらに褪せに褪せて、まず千八百何年、メード・イン・ローマとでも云いたい勝れたる、骨董品なのである。之れを着て「時代流行の先駆者」として、生活話題のトップを行く新聞記者として、時に、絢爛、まばゆき帝国ホテルの夜会に、また時には、じめじめした深川労働者街の路次裏に現われては、ブルとプロの行進曲を書いていたのが、かれ、梅原北明！

◇

われらが労働者の祝祭日、五月一日のメーデーに、青葉の街を練って行く、大行進軍の中に、縁太《ふちぶと》のロイド眼鏡に怪しげなるタキシードの男、労働歌の高唱から警官と小競合いを始めて、遂に検束された。だが、新聞記者と云う六号文字の肩書きが、とんだ拾い物して直ぐ帰された。菜葉服の多いメーデーにタキシードを着た男の検束は、まず珍なる景物詩であったが、この男が、かれ、梅原北明！

◇

かれ、梅原北明の新聞記者時代の一断面を思い出しただけでも、話題はなかなかあるが、とにかく、かれ、梅原は其の当時から一種の天才的変わり種であったことだけは、間違いはないところ！

北明は新聞記者時代、余暇をさいて翻訳をすすめていたボッカチオの『デカメロン』を大正十四年に朝香屋書店から出版した。この時の編集担当が伊藤竹酔であり、以来、竹酔は北明のよきパートナーとなる。『デカメロン』を出版するまでの朝香屋は実用図書など、どちらかといえば、地味な本を出版していたが、これをきっかけに軟派物の出版を手がけるようになった。経営者をそそのかしたのは伊藤竹酔であるという。

ところで、北明以前の『デカメロン』の全訳は戸川秋骨、大沢貞蔵らによって行なわれていたが、戸川本は発禁のうき目にあい、また大沢本は当局の検閲がきびしく、伏せ字部分が多かった。ところが、北明本は伏せ字部分が大沢本に比べてはるかに少なかった。『デカメロン』の跋文に北明は、「たとえどんなことであろうとも、この作品において私が用いましたようにできるだけ上品な言葉を持って物語ったならば、世の中に物語って悪いというものは一つもないのであります」と自負しているが、活字の大量抹殺をまぬかれたのは、ほかにも理由があるからだ。

北明はその訳本をボッカチオの五百五十年祭記念出版という名目のもとに出版したのである。そして、その序文で取締り当局への牽制をたくみに行なっている。

まず、イタリアの文学者であるアッティリョ・コルッチから序文をもらっているが、その末尾は次のような文章でくくられている。おそらくは、北明の要請で書かれたものと推定される。掲げてみよう。

チェタルドの偉人（ボッカチオ）の歿後五百五十年の記念に際し、この世界的不朽の名典を、貴き日本国民に知らしめようとする梅原北明氏の計画は感謝されるべきである。又一面これは世界文明に与ること偉大な両国民の理解に、その交誼を深める堅固な且つ永続連鎖となろう。

この序文のほかに北明自身が書いた序文が載っているが、これは文学作品の翻訳本むけの序文ではない。取締り当局向けの作文といった面が強い。

本書は伊太利大使館の手を経て、伊太利皇帝陛下、同皇太子殿下、及び皇太后陛下の玉前に献上し、ムッソリニ首相、同文部大臣に、又コルッチ博士や、下位春吉氏の斡旋に依りて文豪ダヌンチオ氏に呈するの光栄を得たことは、日伊親善のために読者諸兄と共に慶賀に堪えない次第であります。

『殺人会社』などというニヒルでアナキーな小説を書いた男が、本気になってこんな序文を書くわけがない。もし、この本を発禁にしたら、イタリアの対日感情が悪くなるぞというおどしを、内務省図書課の検閲係の役人にかけているのである。やれるものならやってみろと、北明は序文の陰で笑っているのである。北明はさらに浅草の凌雲座で曽我廼五九郎と組んでイタリア大使を招待し、はでにボッカチオ祭を催した。宣伝もかねたこの催しは各新聞のゴシップ欄に報ぜられたばかりでなく、人のいいイタリア大使は母国政府に申請して北明に勲章まで出しているのである。もっとも北明も、その勲章は酔っぱらったさい、カフェーの女給にくれてしまったらしく、すぐになくしてしまった。

こうして『デカメロン』は再版を重ね、北明の名は、徐々に知られていった。このあと続いてI・エル・ウイリアムスの『露西亜大革命史』を北明は杉井忍と共訳で刊行し、「革命史通過大万歳!!」と題して次のような序文を書いている。

おお! 俺達は何んと云って感激したらいいんだ! 一体? 何んと云って絶叫したらいいんだい? ああ! ロシア大革命史は遂にパスしたのだ。時代の許容に到達したまでとは云え、俺達は此の破天荒な事実に対して何んで感泣せずに済まされよう?

と、このようにロシア革命を祝福していながら、取締り当局むけに次のような「安全弁的」文章も抜け目なくつけ加えているのである。

俺達は日本の国体に関して、毫も、とやこう論ずるものではない。只だ俺達はロシヤの革命を偉大なる一つの歴史として此れを見、それを記憶し、そして其れが齎せる様々の現象を学究的に研究する迄の事だ。(中略)ロシヤに於ける唯一の救い主は革命であった。併し、現在の日本の社会状態を救う唯一の活路は必ずしも革命であるとは限るまい。誤解されては困る。

この『露西亜大革命史』の出版記念会が行われたさい、北明は今東光と知りあい、交友を結ぶこととなる。今東光は鈴木龍二氏が小文を寄せた『グロテスク』誌の昭和五年一月号に次のような文章を寄稿している。

「北明の片鱗」　　今　東光

ロシヤ革命史の出版記念会の席上で、はじめて訳者を見た——背のチンチクリンなずり下ってくるロイド眼鏡を気にして左の親指で上へ突き上る所作を可成り神経的に繰り返し、鯰のような下唇を突き出して、ペラ〳〵とまくし立てる所の軽快（?）野太さ（?）才気（?）等々の不思議な人物、梅原北明その人である。

此の会は日本社会主義運動史上に於ける可成り色濃い思い出を投じたものだった。

その後、金子洋文の紹介で彼に会った。自分は一度に好意を持ちはじめた。若し彼があの馬鹿々々しい資本主義の王国アメリカにでも生まれていたら、ケンタッキーの山奥あたりから出て来て一躍、フォードに認められて其の宣伝部長に推薦されたという様な華やかな、そしてセンセーショナルな挿話を全世界に振りまいたであろう。事実、彼の如く時代の尖端を進転してゆく男に取っては日本は余りに小さい感じがする。

『文党』という自分達のやった雑誌の創刊にあたって、街頭宣伝の先鞭をつけ、全日本の新聞の特種にした案の創作家は、実に彼なのだ。そればかりではない。軈て「文芸市場社」を創設し、街頭で原稿のセリ売りをやったのも彼である。謂う所のグロテスク趣味を遍満させたり、好事家が舌なめずりする○○を平気で刊行したのも彼である。出鱈目な償いに、豊富な材料を持って来、○○の償いに贅沢な装訂本を提供するのが彼である。

その後、暫らく逢わなかった。そうして突然、ペルシャの貴公子を連れて来た。是非訪ねて来いというので昨春訪ねたら、帝国ホテルに下宿していて、速記者を傍に引き寄せて口述しているスマートな紳士が彼だった。こんな魔法使みたいな男は、文壇という腐った泥沼の中しか知らない「種族」の中には皆無だと言って好い。若し若干、その性行を比肩し得るものを求め得たとするならば唯だ谷崎潤一郎のみであろう。

自分は北明に約束がある。

それは空前絶後の艶情小説を書くから、前代未聞の贅沢本を拵えて呉れというのだ。自分が約を果さないから、従って彼も亦、如何ともすることが出来ないでいる。彼が病気だなどと聞くと、直ぐ自分は此の約束を思い出すのだ。

何時かは果すだろうが――

北明に就いては、もっと沢山の事を沢山の人が知って且つ書くだろう。自分は単に彼の片鱗を説くに過ぎない。だからそれを以て彼の全貌を推すことは彼も自分も等しく難渋する。

読者之を諒せよ。

この出版記念会が行なわれたのは大正十四年五月だが、北明は今東光らとともに文芸同人誌『文党』を七月に発足させることとなる。

芸術は商品なり

『文藝春秋』が創刊されたのは大正十二年一月であり、翌年六月、『文芸戦線』が創刊、同年十月、『文芸時代』が創刊され、有力文芸雑誌として三誌が鼎立する。『文藝春秋』の総帥が菊池寛であることはあまりにも有名であり、また『文芸時代』は新感覚派の拠点ということで知られているが、今東光がその発起人の一人であるということは案外知られていない。今東光はもともとは菊池寛の『文藝春秋』の同人の一員だったのが、菊池と対立して『文芸時代』創刊の推進者となるのだが、『文芸時代』の同人が必ずしもアンチ菊池寛派とならないのでカンシャクを起こして、『文芸時代』を飛びだしてしまう。今東光の言葉を借りれば「『文藝春秋』の台所口から尾を振って出入りする新進作家の群と混同しないでほしい」という気持があったからだ。

こうして大正十四年七月、『文芸時代』から飛び出した今東光は『文党』という同人雑誌を始めた。同人に金子洋文、間宮茂輔、サトウ・ハチロー、水守亀之助、村山知義らがいるが、梅原北明もこの時、同人として参加し、彼のプランで発会を兼ねた街頭宣伝を行なった。同人の村山知義、吉邨《よしむら》二郎の二人に看板を描かせ、同人一行がその看板を胸と背にかけ、メガホンを口にあて桃太郎のメロディーで文党歌を歌いながら一大行列を行なったのだ。

天下に生まれた文党だ
値段が安くて面白い
既成文壇討たんとて
勇んで街へ出かけたり

この時のもようを高見順は「バカなまねをしたものだと今日の青年作家諸氏は思うかもしれないが、当時は人の意表に出るこうした振舞を一種の反俗的行為として面白がっていた時代である。いや、それにしてもやや奇矯の感がないではないが、『文党』一派には村山知義をはじめとして、ダダイスト、アナキストが、さよう〝黒き犯人たち〟が加わっていた」と『昭和文学盛衰史』の中で書いているが、表だってはダダイストでもなくアナキストでもなく、ましてコンミュニストでもない北明が演出者であったことまでは知らなかったようだ。

ともあれ、この珍妙な行列は早速、新聞種となって、当世風にいうならば『文党』のパブリシティとなり、今東光を喜ばせた。

今東光がいみじくも見抜いたとおり、梅原北明は宣伝マン的な才能の持ち主だったのである。北明の死後、十年ほどして今東光からボクがもらった手紙の中に「北明は偉大なジャーナリストであった」と書かれてあったが、偉大なジャーナリストであったとは、ほめすぎとしても、北明は機を見るのに敏であったといえよう。

その現われの一つが北明が主宰者となって大正十四年十一月に創刊した『文芸市場《しじょう》』である。『デカメロン』で当てた北明には雑誌を出す資金的余裕があった。同人には『文党』から今東光、村山知義、井東憲、金子洋文、佐々木孝丸らが加わり、当時の新鋭作家の顔ぶれをそろえることができた。そして『文芸市場』には創刊以来、各号の扉に北明の発案で次のような〃文芸市場宣言〃が掲げられた。

　芸術に対する迷信はながい間続いてきた。事実に於いて芸術は商品の取扱いをうけ算盤によって評価されているにかかわらず、芸術のみ金銭を超越しているように過信している人々がまだこの世にいる。文芸市場はこの愚かな迷信を破って芸術を商品として徹底させるために生まれた。これは芸術に対する冒瀆ではない。資本主義社会に於いて商品でないものは一切存在する意味がないからだ。

　文芸市場は不正粗悪の商品を排除する。模造品、がん造品を蔑視する。中身を吟味することなくレッテルに依って価格を評定する現今の悪風をうち破る。

　日本の芸術界はあまりにレッテルに眩惑されている。名によっての価格が評定される。これは明らかに商業道徳違反である。一切の商品が良悪によって評価されるように芸術も優劣によって評価されるべきである。

　文芸市場ははしりを迎えるダダ、表現主義、新感覚派、コント、プロレタリア文学、新人生派いずれも結構である。だが人生に対して無考察な、また生きた社会に没交渉な流行文学を侮蔑する。文芸市場は人生を文化住宅化することに反逆するものだ。
文芸市場は混濁せる資本主義社会から真珠を見出すために生まれたものだ。それ故に市場は戦闘的精神で行進をつづける。

ごく当然なことをいったまでの宣言だったが、その当時では芸術を物神化したり、あまりにもロマンチックに考えすぎる手あいにとってはショックだったらしい。

古原稿の叩き売り

こうして、作品イコール商品であるという考え方をつき進めて、北明は『文芸市場』に掲載した後の諸作家のナマ原稿も夜店のバナナの叩き売り同様、歳末の盛り場で売りとばし、文壇人のヒンシュクや拍手を買って皮肉な新聞種を提供したのである。

この時、身長五尺八寸、みるからにいかつい男が壇上にたって古原稿のセリ売りをすると、原稿がおもしろいように売れたので重宝がられた。出身は労働組合の闘士であり、そのころ最左翼の関東評議会に属していた上森健一郎の若き日の姿であるが、これが縁となって牛込の赤城元町にあった文芸市場社に出入りするようになった。後に経営・編集にタッチすることになるが、当初は文芸市場社にゆすりたかりにやってくるゴロツキの相手をする用心棒となった。

『文芸市場』の同人となった当時前衛派の画家の村山知義は当時の思い出を書いた文章に、日付けも新聞名もわからないがと断って、原稿の叩き売りを報じた新聞記事を紹介しているので、引用してみよう。

「大人気のプロ文芸市場
　枯川老の原稿、三枚で三円半也
　　文芸市場での逸品
　　二束三文の投売でも一夜
　　の売上百五十円の大景気

『世界文芸史上最初の試み』と言ふふれ出しで金子洋文伊東憲梅原北明村山知義なんどの連中が十日午后四時半から京橋でプロ文士評論家の原稿プロ画家の画稿等を、どこからか集めて来てその夜店を開いた。長髪にロイド目鏡の主催者はビールの空箱の上に戸板を並べ、背後には構成派風の大型の紙に『文芸市場』と大書して店をひろげる、またたく間に用のなさそうな行人が足をとめて黒山、交通巡査までが飛んで来るといふ騒ぎ伊東君が先づ空箱の上に立って『さあ、津田光造の新世紀論、原稿三枚半でいくら！』となると『十銭！』と答へる『オイ十銭は可哀想だもっと買へ』と言った調子、村山知義の画が一円で売れる頃はまだ無難であったが、すぐ真向ひの京橋署から『交通妨害になるから』と注意されてとう〳〵警察横に移る、新進作家菅忠雄の原稿が五枚半で二十銭でたたき売られた後で『さあ今度は堺利彦の原稿、三枚いくら』『五銭』と叫ぶ奴があったが、遂に三円五十銭、これが当夜の最高値を呼んだものの『お次は松竹のスター栗島澄子の亭主池田義信の原稿、いくら』忽ち十五銭で売飛ばされる、中には値段をつけて姿を消す奴がある、『そんならおれが買ってやらう』と五十歳余りの職人が構成派の絵を不思議さうに見て持ってゆく、売行芳ばしくないと見るや『岡田三郎と間宮茂輔、山田清三郎、こみでいくら』と来る。でも午後八時店を閉めるまでには大枚百四十五円の売上げがあった『この調子だと今に同業をもくろむ奴が出るよ』と一同早くも先きの心配をする程の上景気だった」

ところで、上森のことだが、文芸市場社が分裂したさい、彼もエロ本メーカーの一方の旗頭となり、戦後には落選したが、衆議院選にも出馬し、鎌倉商工会議所の会頭をつとめたり、通称〝十領〟と呼ばれるAクラスの総会屋になりおおせるのである。上森健一郎＝上森子鉄は総会屋だけでなく、アナキストの白井新平の紹介で競馬界にも顔がきくようになり、『競馬新報』を経営したり、また『キネマ旬報』の経営者ともなった。竹中労さんの原稿を連載中、不掲載にした件をめぐって両者は争ったが、このようないきさつからもわかるように上森には左翼の闘士としての昔の面影はない。

反体制的編集方針

『文芸市場』誌は大正十四年十一月に創刊号を出し、昭和二年五月の第三巻第五号以降、編集方針を転換して軟派系の雑誌に転進することになるが、それまでの号は昭和五十一年に日本近代文学館で復刻されている。

『文芸市場』復刻版の別冊「解説」号に瀬沼茂樹氏（文芸評論家）が「学術資料として復刻する史的意義をもっている」と述べ、その特色を次のように解説している。

「文芸市場」の創刊号、十二月号の表紙の筆者は明記されていないが、当時流行のダダイズム流の妙ちきりんな構成である。殊に創刊号は中央の「創刊號也」の左右に一ミリほどの膠質の黒線を貼りつけて、立体感を現わしている（本複製は紙テエプでその感じを写すことにつとめた）。「トニカク読ンデ貰ヒマセウ」と白抜で書くほど人を喰った奇抜な表紙を丹念に眺めるだけで、この雑誌の性格が察せられる。

……「文芸市場」の創刊号には「不真面目なゴシップ的要素」（山田清三郎）が充満していた。「文藝春秋」にせよ、これに対抗した中村武羅夫の「不同調」（大正十四年七月創刊）にせよ、草創の当時はゴシップ記事で読者の好奇心をあおり、読者の吸引をはかる商策に出たので、その轍に倣ったのであろう。だから特に創刊号はゴシップに力を入れ、「文党」に載った広告文を引くと、「余興記事、誌上裁判其他あり」「菊池寛一味徒党けふ最後の断罪云ひ渡し（裁判長前田河広一郎、検事今東光、陪席検事生田蝶介）」「其他ゴシップ山盛り。悪口御免新聞の設備あり」という業々しさである。これが即ち「文壇全部嘘新聞」や「誌上ダダ裁判」と銘打った「被告文藝春秋公判記事満載」など、奇想天外の悪戯を到る所に盛っている。「新進文壇六十名家執筆す」と称し、一枚乃至五枚の各方面の原稿をあつめ、組方も工夫し、面白い雑誌に仕立ててある。

たしかに「不真面目なゴシップ的要素」に満ちていたにちがいないが、その反面では、「宣言」の初めにあるように、資本主義社会における芸術の商品化を批判する逆説の意味を帯び、思想的には、ヒューマニズム、アナーキズム、ソシアリズム、コンミュニズムが「共存」していたとみられる。これは、卑俗に「執筆者と読者の経済的共産雑誌」であるとか、掲載原稿を京橋の街頭で競売し、「原稿市場売上げ高一覧」や「創刊号原稿お礼一覧表」にまとめて発表するとか、こういう方面から、一見面白半分のようにみせかけながら、雑誌編輯において新機軸をひらき、真面目に一定の考え方を貫徹している。ダダといい、表現主義と称しても、この叛逆の表現の根源には反体制的な思想が儼に存在していた。これは、同時に本誌のもう一つの特色である変態資料趣味をも「共存」させる根拠であった。エロも、グロも、現代社会の疾患部を衝く意味では、社会主義思想と同様に、反体制的であったからである。

なお、『文芸市場』に同人として参加した金子洋文氏（劇作家）は、この「解説」号で『文芸市場』が刊行された歴史的背景と思い出を次のように述べている。

「文芸市場」の創刊当時を語るとなると、関東大震災をヌキにして語ることはできない。焼土と化した帝都。軍部の白色テロの横行、朝鮮人の大量虐殺、大杉栄、伊藤野枝、大杉の甥宗一少年の暗殺、南葛労働組合員九名の惨殺、加うるに、虎ノ門で行なわれた難波大助の皇太子暗殺未遂も、暗く、大きく作用して世は正に暗黒時代と言うにひとしかった。日本共産党が非合法を清算して、自由主義運動から始めなければいけないと迷うたほどだから、大方察しがつくだろう。

治安維持法に反対する、政治運動をめぐって、アナとボルに分裂、対立したプロレタリア文学運動も、自然の脅威による帝都壊滅に出あって、いつとはなしに肩を接するように、元の共同戦線に帰って行ったが、絶望感とニヒルが底流していて、革命的志向を失ないがちだった。かくして、大正十三年六月「文芸戦線」が創刊されたわけだが、創刊から八号までは私の編集で（資本がつづかないため休刊）、第二巻第二号から、誌型を四六倍判に改めて山田清三郎君が編集にあたっているが、稲垣達郎君の批評によると、誌型を改めて、執筆者を同人以外にひろく求めたせいもあって（無責任な雑文もまじり、総じて、文学的には低調であり、「文芸戦線」の歴史上、もっとも評価できない部分だった）と言っている。

この稲垣君の批評はその通りで同感だが、行動、実践とかかわりのない人の卓子批判であって、軍部の戒厳下にあって、ヘタをすると抹殺される恐れがあるのだから、（雌伏の時代）というべきで、一年后に葉山嘉樹の出現によって、（正しい姿勢に立直る）端緒となっている。

「文芸市場」が創刊されたのは、山田君が編集にかかわった半年后の十一月だが、稲垣君からきびしく批判を浴びた山田君が「文芸市場」を次のように言っているから面白い。

（金子洋文、梅原北明が編集しているのだから、義理にもほめたいところだが、「文芸市場」の創刊号はひどかった。就中「文壇全部嘘新聞」などは余りに念が入り過ぎて、寧ろ与太以上に悪戯である。創刊号の馬鹿噺がわりのつもりか知らぬが、案外あんなものに有頂天になっていそうな点も感じられるから、一言いましめて置く。）

これも同感であるが、そういう野次馬料簡が、梅原北明白身にもあったことは否めない。同時に、「ロシア革命史」をホンヤクした、弾圧に屈しない、反体制的反骨が「文芸市場」にみなぎっていたことも争われない。その証左として、梅原が執筆した「近世落書報道史」と、日本最初の軍隊の暴動を扱った「竹橋騒動史」をあげることができる。

『文芸市場』は発刊後、一年もたたないうちに赤字がかさみ、経営は行き詰まってしまう。金が入れば入っただけ使ってしまう北明には、経営者として長期資金計画などたてられようがなかった。文芸市場社には昔の新聞記者仲間やプロ派の作家、無名作家らがたえず出入りし、ほとんど毎晩のように酒もりが始まった。頼まれれば、いやといえない性分の北明は持ち合わせの金があるかぎり、乱脈に金をばらまいた。後に北明の片腕となってその出版事業を助けた花房四郎＝中野正人は梁山伯と化した文芸市場社での北明について「梅原自身は自分の立場をプロ派ともブルジョア派とも思っていないので、誰とでも快く交際し、本人は清濁合せ呑んでいるつもりらしかったが、プロ作家側の中には、彼のことを八方美人だといってけなす者もいた」と述べている。

欠損つづきの雑誌をやっていながら、金をバラまいているのに、金をもらっていった当の相手から北明は中傷されていたのだ。そうしたあざとい一部のプロ作家を非難している中野正人は、それならブル派かといえば、決してそうではない。『文芸戦線』には古くから寄稿しており、大正十五年四月号の同誌には北明とともに執筆している。ついでながら、この号には佐々木孝丸、山田清三郎、前田河広一郎、林房雄、小牧近江、小野十三郎らといっためんめんも原稿を寄せている。中野正人は昭和二年五月に中野重治とともに同人となり、同年六月、『文芸戦線』の母体である〃日本プロレタリア芸術聯盟〃が分裂したさい、青野季吉、藤森成吉、藤原惟人、葉山嘉樹らと〃労農芸術家連盟〃の側に移行している。

昭和二年といえば、北明は性文献の出版に本格的に取り組み始めたころである。そのため政治路線的には二人は別々の道を歩んでいた時期であるが、斎藤昌三にいわせると、両者の交情には変わりがなく、北明が出版法違反で刑務所から出てくると、まっ先に善後策を相談に行く相手は中野正人であったといい、次のように教えている。

北明が自由大胆に活躍できたのは実際には花房（中野正人）が陰にあったからで、花房は北明を肉親以上の兄として、時と場合によっては北明の代わりにブタ箱にも入り、当局との難問題に進んで接触したので、北明も妻や実弟に打ち明けないことも、又は経済上のことや営業方針までも一任するほどの信頼があった。

広告に出版物に日本の出版史にかつてない華やかさと、大胆不敵の行動にふるまったのは無論北明の好みでもあったが、それを盛りあげ湧きたたせたのは花房である。そのくせ彼自身は、いつもサムザムとした風体で、平素は言葉の数もいたって少なかったが、いざ強敵に立向うとなると北明よりは勇猛であった。（『三十六人の好色家』創芸社）

後年、この斎藤の文章を読むにいたって中野が容易に権力とは妥協しない左翼文芸運動の闘士であったことを知ったが、それでもなお、信じきれない思いが残った。第二次大戦中もボクの家にたびたび中野は訪れたが、まだ少年であったボクの目にも生活にくたびれたサラリーマンといった印象が強かったからである。またそれだけに、誠実さがにじみでている人であった。斎藤昌三に「花房あって北明あり」とまで書かれた人だが、少しも功を鼻にかけることがなかった。戦後、北明が死んだ後、北明についての思い出を中野はこう書いている。

企画製作者として梅原はたしかに天才的な頭のよさがあり、宣伝のうまさに於いても実にずば抜けたところがあった。そのねらいは主として逆宣伝の形式を選んだが、それが彼の場合、いつも成功した。

『文芸市場』は大正十四年十一月創刊以来、執筆陣をプロ派の作家でかためてきたが、前にも述べたように北明の放漫経営も手伝って、負債がふえだしてくる。北明は売れる雑誌にするため苦慮する。ともかく編集方針を変えようと尾崎久弥、藤沢衛彦など文献派の原稿を載せるようにしていった。昭和二年六月号からであり、雑誌の性格を変えるだけでなく、北明は赤字を埋めようと単行本の出版を手がけた。

軟派本の出版

北明は大正十五年九月から『文芸市場』と平行して会員制の『変態資料』誌を刊行している。『変態資料』のほうは、昭和三年六月まで二十一号にわたって出し続けるが、ほとんど連続的に発禁処分を受けた。

梶山季之をインタビュアーとして構成されている今東光の『毒舌文壇史』(徳間書店)、に『文党』のころの梅原北明の思い出と『変態資料』創刊のいきさつが語られ、収録されている。

――梅原北明も『文党』の同人だったんでしょう?

今　あ、あのド助平もそうだ。たいへんなやつばっかりだ、やっぱり。『文党』やっているうちに梅原が「こりゃ、だめだ、こんなものじゃや。やっぱりエロッぽくいかなきゃいけねえ」(笑い)。まじめに文学論じているのにだな、おい。その雑誌にエロいっぱいのせろったって、そうはいかない。「『カーマ・スートラ』みたいな学術的エロを連載したら」なんて言っていたが、結局、それじゃ別のものをやるってことになって『変態資料』なんか始めた。

あいつぐ発禁で経営はますます苦しくなり、北明は赤字解消のため、「変態十二史シリーズ」の企画をたて、その出版を開始しだした。

北明は手持ちの金が心細いため、新聞広告に大きなスペースをとることができなかったが、ハッタリをきかせたコピーを案出し、その反響を待ってみた。

五百部限定の実費が一円四十三銭かかります。先着五百名厳守で、締切後は実費頒布値段の三倍になることは火を見るよりも明らかですから、後からの御申込みは謝絶謝絶。

北明の心づもりでは、千五百部ぐらい注文があれば上々と思っていたのに、六千に近い申し込みがあり、文芸市場社の債権者であることから、この出版に一口のっていた印刷屋の福山福太郎も大喜びし、名ブランナーであると北明を神様扱いにした。発行所を文芸資料研究会と名づけ、印刷屋の福山福太郎の事務所においた。連日、為替が送られてきて、北明の収入はみるみるふくらんでいった。

生活にゆとりができると、北明は、四、五人の学生アルバイトをつれ、毎朝八時に家を出て、夕方四時まで休館日以外は一日もかかさず、上野の帝国図書館の特別閲覧室に通った。こうして明治初年以来の性的珍聞に関する新聞記事の抜書きを半年にわたって続け、原稿用紙三万枚分の記事を拾いだした。さらにこの記事をセレクトし直し、後に『明治性的珍聞史』上下二巻を出版したが、発禁になった。

古新聞あさりはその後も余暇をつくっては続けられ、単に性的な記事だけでなく、政治経済、社会にまで及び、のちに『明治大正綺談珍聞大集成』『近世社会大驚異全史』『近代世相全史』の刊行をみるにいたるのである。
筆を「変態十二史シリーズ」に戻すと、北明もその第八巻を担当し、『変態仇討史』を執筆している。会員読者向けのダイレクト・メールを引用してみよう。テキ屋のタンカじみた広告文を書いたのは上森健一郎である。

桜が咲いたからお花見だって、そんな俗な奴はどこかへ消えて失せろ、梅や桜が咲くのは太古数千年来かわらぬ自然の作用で、変態でも奇態でもあろう筈がない。桜の咲いたのを大騒ぎで観にゆく必要があるなら、近所隣りの軒々で、三度の飯を喰らうのを見にゆくのとなんのかわりがあるものか。こうなれば、変態奇人伝の一節にでも入れて、軒毎三度の飯喰いをうかがう野郎をでもして原稿にしてしまうのだが、お花見じゃはなしにもならねえ。
さて、さて出ました。『筆者、梅原北明』もうこれだけで、そのアウトラインの説明ができていてすべてを物語るものだ。
　筆者梅原北明　題しまして
　変態仇討史　全一巻
発禁発禁で叱られて、そのあとで、変態仇討史、よくも出来たり皮肉かな。
　明治性的珍聞史の筆者
　雑誌変態資料の主幹
これを内務省側から所謂ニックネームで言わすと、

禁止雑誌書籍の主幹、梅原北明　薬の効能と一円本の誇張には聞き飽きた。効能のない案内書はざっとこんなもの。
そんじょ、其処らの新聞屋さん
　秘密出版　変態仇討史　梅原北明著
禁止命令と共に自動車数台にて押収され、当人拘留数十日と、いまから原稿をかいて待っている事。
さあ、諸君、買ったり、買ったり
代金振替に払ったり。
　　はい左様なら御免なさい。
これだけ言えば、あとはみなさんの御随意、勝手気儘。

北明は「変態十二史シリーズ」の成功に自信を持ち、軟派系の単行本出版に乗りだしていった。北明がまず手がけたのは、ジョン・クレランドの『ファニー・ヒルの思い出』である。同書はイギリスの代表的な艶笑文学で、一少女が売笑婦になるまでの人生を自叙伝ふうにまとめた作品である。戦後になっても何回か訳書が刊行されているが、完訳本は出されていない。
　その完訳本を、北明は昭和二年に刊行したのである。訳者は若き日の佐々木孝丸氏で、北明は五百部限定の豪華本とフランスとじの普及本五百部を発行したが、たちまち発禁処分を受けた。発行名儀人は上森健一郎、印刷は福山福太郎となっており、訳者ともどもきびしい取調べを受けた。北明は本当の発行者は自分であると名乗り出て、いずれも釈放され、罰金百円を払ってこの件は、ケリがついた。

佐々木孝丸訳は伏せ字なしの完訳本であり、本邦初訳ということもあって、艶本出版業界のエポック・メーキングになったという。そのため、後に北明のもとを離れて、自分も軟派出版に乗り出した上森は、その功績を独占しようと、佐ス木訳の『ファニー・ヒルの思い出』は、自分が手がけたものであると吹きまくった。

梅原北明は『グロテスク』誌の昭和四年二月号に『現代邦訳艶書解説史』を執筆したさい、この間のいきさつを明らかにした。そして、このように皮肉を述べている。

「やれファニー・ヒルは上森の出版だとか、福山の出版だなんて、お互に元気のいい熱を看板に色んな猥本を売りつけているとの事であるが、もしそれが事実としたら、僕たる者、ああ何たるいい面の皮であろう！」

北明が艶本出版を始めだすと、北明から離れた上森がその例であるように、ポルノ専門の出版業者が続々と現われ始めた。三笠書房の初代社長となった竹内道之助もその一人である。現在ではポルノの翻訳家としてよりも、お堅いクローニンの翻訳家として知られているが、竹内は海外物の艶本を粗製乱造して、出版杜の経営資金をつくったのである。北明の『現代邦訳艶書解説史』に、その粗雑で営利本位の仕事ぶりが批判されている。

初の天長節に八百屋お七の追善法要

〽エヤーコリャお江戸で名高きお寺は駒込の吉祥寺……

〝八百屋お七の覗《のぞ》きからくり唄〟の出だしである。

〽八百屋の店にて売る品は、いも、だいこ、とうなす、ごぼう。お七の好きなとうもろこし……。

〽天下仕置場鈴ヶ森、四方四丁四面で青竹矢来、……千束万束の芝茅《しばかや》に一度にどっと火をつける、熱いわいな苦しいわいな吉三さん。わっと泣いたる一声が無常の声……。

〝八百屋お七覗きからくり唄〟の歌声が、東京・上野の森にある上野自治会館から流れてくる。歌っているのは東京・小石川白山の三業組合から特に選ばれたきれいどころたち。白山の花街は、八百屋お七の菩提寺がある小石川指ガ谷町にほど近い。おりから上野自治会館では八百屋お七・二百五十年追善法要が行なわれていた。

昭和二年四月二十九日のことである。

大正から昭和に年号が変わったのは、前年の十二月二十五日である。だからこの日は、昭和の天皇にとって、初の天長節（天皇誕生日）であった。

「お七のすきなとうもろこし……」とは「今日の佳《よ》き日は大君の生まれ給いし佳き日なり」との天長節の歌とは、これまた打って変わった音曲であった。

八百屋お七・二百五十年追善法要の施主となったのは〝猥本の出版狂〟と警視庁からもてあましぎみににらまれていた梅原北明である。各新聞社に事前にPRしておいたので、四月二十九日の全紙の朝刊にこの日の催しの案内記事が報道された。追善法要が始まるのは一時からだというのに、午前十時ごろから上野の森に善男善女が集まり出してきた。

観音様で知られる浅草寺の救護栄海大僧正やお七の菩提寺の市原広海住職らが導師となって法要が営まれた後、民俗学者の藤沢衛彦が「お七の史実と伝説」、歌舞伎評論家の渥美清太郎が「歌舞伎劇に現われたお七」、国文学者の笹川臨風は「文芸上に現われたお七」をテーマとしてそれぞれ講演した。

講演後、歌供養に移った。そのころ「お七和讃」の第一人者として有名だった東京・本所の多田薬師の小山正順住職が、陰々滅々たる「賽《さい》の河原節」に似た和讃をとなえて聴衆の涙を誘ったのである。

「哀れなるかなお七とて　たぐいまれなる娘なり」で始まる「お七和讃」は「朝夕唱うる念仏もただ一筋にねんごろに　お七菩提と回向する　末世のいまに至るまで　知らぬ人こそなかりける南無阿弥陀仏」で終わる。慶祝ムードで包まれる帝都東京も、上野の森の一角では、恋に生き、恋に死んだお七をとむらうために集まった善男善女たちが、涙にくれた。そして、この「お七和讃」

が終わったあと、当日の呼び物であった「お七覗きからくり唄」が白山のきれいどころたちによって歌われたのである。

八百屋お七とは、裸馬に乗せられて江戸市中を引き回されたあげく、鈴ヶ森で火あぶりの刑を受けた放火犯人である。その極悪重罪人の追善法要を初の天長節の佳き日に行なうことは、いわば〝お上《かみ》〟をないがしろにする不敵な行為でもあった。だが、表面だっては取締りの対象とすることはできなかった。

北明は不敬罪すれすれのイベントを行なった後、さらに彼の主宰する『文芸市場』誌に「八百屋お七・二百五十年祭・追善供養文献集」と銘うった特集を組み、ぬけぬけと次のような文章を書いている。

去る四月二十九日は、今度の聖上陛下御誕辰《たんしん》にわたらせらるる最初の天長節で今後毎年繰り返される吾等《われら》にとって新たなる祭日であるが、今より二百五十年前の当日は、実に情熱の女、八百屋お七が鈴ヶ森で炙刑に処せられた日である。

お七の恋は余りにも涙ぐましい記録に終わっている。……その純真なる涙多き恋は過去現在に生き、しかも未来の人々の胸にも永遠に生きて行く。

私はお七を讃美する。私には法律は解らない。が、お七の放火は確かに純真な魂のひらめきがある。

北明が、お七を讃美する念を持っていたのは事実であるにしても、天長節に追善法要をあえて行なうほどの讃美者であったかどうか、きわめて疑わしい。それに北明は、二百五十回忌だといっているのだが、正確には二百四十五回忌なのである。

二百年以上も昔に死んだ女性なのだから、五年やそこらはいいじゃないかと、北明はサバをよんだ。

当日、行なわれた講演の一部も『文芸市場』誌に掲載されているが、江戸文学の大通である笹川臨風は、北明に乗せられていることを承知でこのように述べている。

今年は八百屋お七が鈴ヶ森で火あぶりに会ってからちょうど二百四十五年目に当っているが、それを二百五十回忌とされたのは、昔から法事などには、よく時日を繰り上げて早く行なうということも間々《まま》あることだから、今回もそんな意味でやられたのでありましょう。またいったい、こんな物好きな計画なんかする人は、いつ死ぬかもわからないから、生きている間に早くやってしまうなどということから、こんなことになったのでもありましょうか。

笹川臨風から、いつ死ぬかもわからないといわれた梅原北明は、この後も二十年に及ぶ波乱に満ちた人生を送ることとなるのだが、それはともあれ、このイベントは、アイデアに富んだフィクサーとしての北明の面目が躍如としている。前に『文芸市場』はプロレタリア文芸誌から、風俗・文献誌に路線転換をしたと述べたが、この特集は路線転換を図ってから最初に出した昭和二年六月号に掲載されたのである。

北明は退却していなかったのである。権威や権力を批判・嘲笑する戦術がゲリラ化したといえよう。

「正気の狂人」の闘争宣言

北明にとって昭和という聖代は、弾圧の強化という形で登場した。

昭和二年一月、北明は、「変態十二史シリーズ」以外の出版物を警視庁に無納で刊行していたことが発覚して逮捕され、出版法違反の罪名で起訴されている。したがって、八百屋お七の追悼法要というイベントは「昭和聖代」に対する北明の側からのシッペ返しともいえよう。

北明は『文芸市場』だけでなく、やはり彼の主宰する『変態資料』誌の昭和二年三月号で『明治新聞雑誌資料筆禍文献』を特集し、その巻頭言で次のように書きたて取締り当局に対して闘争宣言を行なっている。


……吾々の処罰される総決算の日も遂に訪れていたのでした。

十二史中の『変態崇拝史』も、番外の『明治性的珍聞史』も、『ふあんにひる』も――ここ一カ月に陸続と禁止を食い、警視庁特別高等検閲課にお百度を踏まされました。当時読売新聞の如きは、これを評して秘密出版扱いにし、更に其記事を持ち前の大袈裟にすべく、去る三月六日より十日まで拙者拘留さる云々の虚報を伝え、今や第二の怪文書事件でも出現したかの如くに、世間の人々をして得手勝手な想像をめぐらしめるに至ったが、豈図《あにはか》らんや、大山鳴動して鼠一匹の例で、事件が単なる出版法の問題であり、結局責任者たる上森か拙者が罰金か体刑を受ければ其れまでの問題なのであります。

『ふあんにひる』は一寸面倒で、あれは単なる出版物として当局では認めないと云うのですが、それほど淫本に類似した猥褻本とは吾々には考えられないのです。若し出版法の範囲を越えて体刑に引掛るとすれば、此の猥褻罪とか構成如何で、一ヵ月か二ヵ月行ってくれば其れまでの問題なのです。いずれそれも気候が良くなってからでいいんです。

が、それはとにかく、たとえ内務省がどう云おうと警視庁が圧迫しようと、今度からは当方にも陣容を整えて合法的に喧嘩を始める決心で、茲暫らくの間、おひやらかしてやるつもりです。

感情で禁止しろ！　感情で馘にしてやる！　何云ってやがるんだい！　と云いたくなります。

さて諸兄よ。いくら吾々が彼等と喧嘩を始めたって、諸兄等には迷惑をかけません。対岸の火事見物の気持でいて下さい。その筋から雑誌を掠奪に来ても相手にしないで下さい。

第三者の手に渡った以上、押収していく権利はないんです。が触らぬ神に崇りなしで理屈が五月蠅かったら知らぬ存ぜぬで通して下さい。その辺が一番安全な所でしょう。

イヤ早、損をするやら呼び出しを喰わされるやら、淋病がヒドくなるやら、テンヤワンヤの最中です。

さらに『変態資料』の昭和二年八月号で、その表紙に雑誌がつくられてから発禁をうけ、罰金刑をいい渡されるまでのコースを双六にみたててイラスト入りで説明し、表紙の裏に「神秘をあばく」との見出しをたてて、次のような文章を掲載した。

新聞紙法による雑誌発禁の経路

神秘をあばくと云う事は吾れ人ともに変に力こぶの這入るものであります。其処で私達も御多分に洩れず大骨折って一つ神秘を諸君の眼前へ引き出して見せましょう。

雑誌が禁止を食うにはどのくらいの手数と時間と経費とがかかるか御存じですか？　電報料だけだって大抵なものではありません。とに角雑誌が出来ると、先ず内務省二冊、警視庁一冊、区地方裁判所二冊、東京逓信局二冊、差出局二冊、所轄高等出版係一冊、都合十冊を納本いたします。

それから経路が所謂神秘で普通の人には解らぬ事実であります。とっくり下図によって如何にお役所仕事が神秘で面倒臭いか御らん下さい。

伝手だから本省の検閲係の人を御紹介します。（普通出版物）千葉氏、（性に関するもの）千葉氏、（小説）磯部氏、（社会主義）内山氏、（同人雑誌）久保氏……。

もちろん、この号も発禁になったのはいうまでもあるまい。書誌研究家の斎藤夜居氏によると、北明は取締り側から「正気の狂人」といわれたという。

倒されても倒されても起きあがってパンチを放つボクサーのように、北明は次の号を「世界デカメロン」号と銘うって刊行、「デカメロン伏字考」を発表し、自分が翻訳した『デカメロン』の読者の不満を解消させた。

この「お礼奉公」的な記事を載せたのをきっかけに『変態資料』は廃刊される。北明はさらに大胆なエロを基調とした雑誌『カーマシャストラ』を上海で発行し、『バルカン・クリイゲ』『エル・クターブ』など世界的に名の通っている艶本を続々刊行しだす。その結果、出版法違反に問われて罰金刑、さらに体刑まで食うのだが、斎藤昌三によれば「そうなるといよいよ反抗的に出たので、当局からは正気か気違いか正体のわからぬ出版狂とされ、罰金刑や入獄の量では外骨（宮武）翁以上の犯罪を重ねたのだった」ということになる。

上海でのゲリラ出版

昭和二年九月付けで北明は佐藤紅霞、酒井潔の三名連記で「文芸市場を上海に安定せり」という移転通知を読者会員あてに出している。

満二年間も小役人の跋扈する日本で雑誌を出して居るといい加減飽きが来る。そこで国際的に第一歩を踏むべく世界の浅草、言論の自由国、上海へと乗り出してきました……。

移転通知の文面である。北明の上海本といわれる『カーマシャストラ』（昭和二年十一月号）は治外法権下の上海で刊行されたため、伏せ字・削除がない。司法権力の性文献出版への相次ぐ弾圧・干渉に抗するため、上海で出版したという偽装工作を北明が行なった、との説もある。ともあれ奥付けには、発行印刷人として「中華民国上海仏租界飛霞路・張門慶」と記されている。また、内地の読者へ送った案内文に北明は次のように書いている。

「吾々は単なる取次で発行人は外国人の手に譲られて了ってありますから、これは日本政府の自由には行きません。……発行所が外国の場合、その出版物に対し、日本政府は発禁を食わす権利はなく、その代りに日本内地への輸入禁止命令を出します。故に輸入禁止命令が日本政府より発表された後の該出版物に対しては、郵便局で発見次第、その発行地の外国へ逆送するだけで、郵便局や警察で猫ババを決める訳に行きません。若し猫ババを決めた日には告発されたが最後、国際問題となります。随って該出版物の注文主は、これに対する何等の法律的制裁も受けずにすむのは当然なことです」

発行人を外国人に譲ったとあるが、張門慶とは『性史』の編著者である張競生博士と中国の奇書『金瓶梅』の主人公西門慶から姓と名をとってつくった架空の人物である。いかにも北明らしい、官権への嘲弄ぶりがうかがえる。

また、城市郎氏の説によると、「猫ババ云々」のくだりは、猥本を押収と称して猫ババする官権の手口への諷刺であり、イヤがらせであるという。

北明が日本に帰ってきたのは、翌昭和三年の春だが、待ち構えていた警察は彼を逮捕し、市ヶ谷刑務所に下獄することとなる。

娼婦おはまとの〝肉弾戦〟

北明が釈放されたのは昭和三年夏、早速彼は新雑誌出版の準備にとりかかり、「亡者が娑婆に帰宅を許されたる話」と題する案内状を読者会員にまいた。

ヤァ諸君！　まずもって暑中御見舞い申し上げまするすると人間並のお世辞をちょっとならべさせていただきまして、さてお待ち兼ねの或は兼ねでない……そこまでは知らぬ亡者の梅原北明、すこぶるとても立派なカラ元気で未決監市ヶ谷刑務所から亡者の戸籍第九三七の襟番号から勘当を命じられて一時娑婆への帰宅を許すとの有難き御沙汰に浴し、やれ嬉しや娑婆恋しやと地獄から泡を食って飛び出したら、明るい世界がいちどきにグラグラッと眼玉を襲って目暈《めまい》を起こすという騒ぎ。……数十回にわたる家宅捜索を受けて昨年かつて諸兄に進呈しつつあったエハガキの、一枚か二枚の残りにいたるまで、洗いざらい押収され、フロッシーを完全に発送したのみでやられてしまったかたちです。何しろエハガキ一種類といえども刑法第百七拾五条の適用をうけることになったので、事件の種類弐拾五件というベラ棒な数に達し、一ッ一ッ五百円以下の罰金に処せられる分は左の拾参種であります。①フックス画集②仏国製エハガキ（女天下）＝大女が小便の雨を降らし、学者も軍人もビショ濡れになって騒いでいるエハガキ。……⑧日本張形考挿絵⑨上海製見世物エハガキ。……合計罰金額金六千五百円以下となります。あまり少ないケタではありませんな。

次に出版法の適用を受けるものは左の拾弐種であります。①文芸市場九・十月合本②カーマシャストラ第二号③日本猥褻俗謡集④エルクターブ……⑦志とりこ⑧フロッシー……。

以上拾弐種で、この一ッ一ッが参百円以下の罰金乃至は六ヶ月以内の禁錮を受ける刑でありま す。……出版法は他の犯罪と異なり累犯加重がない代りに……全部引ッくるめて……法律の適用を受けるわけには行かず、事件別に一ッずつお受けせねばならないことになっていますので、以上、弐拾五種の合計、罰金にして金壱万壱百円以下、乃至は金六千参百円以下、体刑五年以下であります。これも皆、昭和の聖代なればこそで誠に有難い次第であります。治安維持法案のように死刑や無期以下でなかったのが何よりでございます。

……この際娑婆へ出て来た私自身を、今一度寄ってたかって真の面倒を見てくれ、今一度、研究心を鞭撻させてくれる友人の出現を欲してやみません。どうせ私は前後参拾壱回も禁止勲章を頂戴した国家的功労者です。今更の研究替をした所で禁止勲章の辞退が許されるわけのものでなく、己れの欲する所、猪の如くばく進するまでです。

『カーマシャストラ』より、後退した路線で新雑誌『グロテスク』を編集していこうという意図が北明にあったようである。たび重なる発禁を未然に防止するため、「エログロ」のうち、エロよりもグロに重点を置くことで発禁を回避する方針転換を図ったと思われる。

北明が何をグロテスクなものとして、とらえたかを知るうえでも参考になるので、創刊号の目次を掲げてみよう。

『グロテスク』創刊号・目次

〈文献もの〉
愛の魔術　酒井　潔
くかたち考　高田義一郎
日本文身考　谷井基次郎
非人乞食考　梅原北明
父に非ず　浅田　一
〈考証もの〉
ヴォルテルとカラス事件との関係　才田礼門
セントヱルモの怪火　藤原咲平
〈珍本市場〉
近代禁書解題㈠　斎藤昌三

ミラボー伯の珍本　梅原北明
〈文芸資料〉
或る隠亡の話㈠　田口章太
世界列妖伝㈠　酒井　潔
〈ゆうもあ〉
蘆《あし》原将軍と語る　尾高三郎

「御覧の通り、本誌の編集は極めて地味です。文献本位の雑誌で生きようとすれば、勢い地味にならざるを得ません。地味であっても掴みどころさえあればいいと思います」とこの号の編集後記を北明は書いている。しかし、北明のもくろみはつぶれ、翌十二月号、新年号、二月号とたて続けに発禁をくった。発禁第一号となった十二月号の目次を紹介しておこう。

『グロテスク』十二月号・目次

勧《いん》燬《しょ》淫《せい》書《ばっ》徴信　大泉黒石
レスビエンヌ　酒井　潔
日本文身考　谷井基次郎
川柳浴場史㈠　大曲駒村
近代禁書解題㈡　斎藤昌三

非人乞食考　梅原北明
世界の内房・座談会　生方敏郎・高田義一郎・斎藤昌三・尾高三郎・以無天理庵主人・伊藤竹酔・酒井潔・梅原北明
ユーゼーヌのアルバム＝或は彼女の人生・画集
ピエ・タ・テール＝男部屋女部屋
食前春薬　才田礼門
動物綺談　上野動物園長　黒川義太郎
唐海遺珠㈠　以無天理庵主人
正忍紀・秘本・忍術奥義書
同名異人高橋お伝毒婦譚　鳥山朝太郎

この号は「世界の内房・座談会」が発禁の原因となった。後年、梅原北明について書かれた文章に必ずといってよいほど紹介されている横浜本牧のチャブ屋「キヨネ・ホテル」の娼婦おはまと北明が肉弾あい撃つすさまじい攻防戦はこの座談会が出所となっている。念のために書きそえておくと「内房」とは「ねや」のことである。問題の箇所を抜き書きしてみよう。

梅原　では、最後に本牧の御話をしますがね。谷崎さんの御株を奪うわけじゃないのですけれども。本牧のチャブ屋は僕の調査に依れば十四軒しかない。一番大きいのはお清さんがやっているキヨネホテル。このキヨネホテルには本店支店があってその次に大きいのがカノホテル。女の数からいうと……おおよそ十四軒のうち一軒平均にして七人半位になります。

たいていの家はまあ簡単ながら小さなホールがあってそこでダンスをやる。ダンスをやっているうちに女を選択します。規定はそこに這入るのは一文も取られないけれどもそこでビール一本飲むと一円、場所に依っては一円五十銭取る。それでつまりショート・タイムが普通五円。それでロングタイムという奴は普通一時間ばかり。これが十円……一流所で。二流所でまあ八円位、最後にはつまりオール・ナイト、これがキヨネホテルは二十五円、それ以外のホテルは全部十五円……。

ここにいる○○○と二人でキヨネホテルへ行った訳です。ところがそのホテルの淫売でそれを牛耳っている淫売の大将が居って、それが有名なおはまという女で、彼の女は日本よりもかえってニューヨーク、サンフランシスコ、シカゴというような方面において有名で、それ程、日本といったら横浜、横浜といったらおはまという程で、そういう方面に知られている人間です。

彼女は齢が三十……僕に告白する所に依れば三十七歳、しかしざっと見た所が二十八九、……おはまというのは一番不美人……。

尾高　そんなでもないぞ中々美人だ。

梅原　レッテルは一番まずいけれども肉体美人。背も高いし太っていまして、しかし見るからに毒婦タイプである。彼女は何が故にアメリカで有名かというとすぐにベッドへ這入るが泣きを入れる。さもエクスタシーであるかの如く泣くのです。

それからクンニリングス……フェラチオを行なうのです。なめるのを行なうのです。この舐めるのに依って大抵まいってしまう。これで第一回に行かない人はないよと彼女は言います。それで僕はお前がフェラチオをやる前にちょっと待て、条件をつけようじゃないか？　お前さんは此処で淫売している女仲間を牛耳っている。そのお前さんの収入はいくらあるというと、妾は此処は借金して来ているのでないから妾は半々で来ている。妾の手取りが七、八百円一月に稼ぐという。彼女に依ってこのキヨネホテルが保っているようなもので、彼女が何が故に稼ぐかというと、顔はまずいがお前さんは技巧が旨いということを聞いてきた。そこで賭合う。それで今晩一晩掛ってお前さんが私を一回でも殺せば五十円出そう。その代り一晩中掛ってお前さんが殺せなかったならば五十円払えと申込んだ。何だそんなことといったって負けたことがない。本当に五十円出しますかという。貴方それだけ余分の金を持っているかというから失敬なことをいうなと五十円出して目の前に出して置いた。お前も五十円置けという。それを本当に五十円貰っても宜しいのという。貰えるものだと野郎思っているのだよ。おはまは蓄音器の置いてあるそのベッドの机の上にその五十円宛を積んで置いた。これが木当の枕金だろうと思う。それでワン、ツー、スリーと始めた。こっちは引懸るまいとかかっている。それで我々は真剣にやったら二時間は充分保つ……その晩は何しろ五十円の問題ですからね。こいつはうっかり気がゆるせないと思ったから、彼女がいかになめようと泣こうと挺子でも動きやしない。そのうちに三十分経った。私は頃宜いと見計らって、いよいよ五十円も百円もなくなったような（以下八行削除）冗談いっちゃいけない、そういう風にしなければ引懸るまいと思ったから声を出したのだ。（以下十行削除）それで気分転換だというので、夜中に三度位一緒に風呂へ這入った。

伊藤　八八をやっているようだね。

梅原　いくらやっても起きない。今までにおはまを負かしたのは貴方一人だ。これからおはまの物語を始めようと女はいい出した。何を隠そう。彼女が七、八歳の時からつまり色々な性的の事件に出会って興味を覚えた経緯を僕に長々と話した。それでおはま物語を僕に書いてくれというので……あのキヨネホテルに現われたのは大正九年の七月に第一回に現われた。それから間もなく或る金持に落籍されて行った。その亭主を殺しちゃった。刃物三昧に及んで殺した訳じゃない。つまり亭主を殺して暫くぼんやりしておったけれども財産を貰ってまた横浜に帰って来た。横浜のある蕎麦屋の娘でそういう風に自堕落に育っているものですから、貰って来た金を瞬く間に使ってしまった。そこでつまりその話を聞いたのは横浜の外国人を専門にしている遊廓があります。神風楼《ジンプー》というこの主人公が彼女を第二号にした。彼女は妾になりながら一日に百円宛使ってやったというので三月日にやりきれなくなった。一晩に百円では神風楼の主人もやりきれなくなって買った道具とか着物はおはまにやることにして別れてしまった、そのうちにまた飽きて来て男の相手がなくなったのでまた這い出した。キヨネホテルは彼女のためにどの位儲けるかというと完全に千二百円儲かるそうです。そうしてキヨネホテルが千二百円貰って自分が取るのは七百円、合計そのために月に二千円足らずがキヨネホテルに落ちるそうです。以上キヨネホテルおはまの話です。

逸見　もっともあの時は梅原は、イムポテントで注射中でした。何が幸になるかわからんもんですネ。（一座哄笑）

このおはまとの一戦は、それこそ知る人ぞ知るエピソードだが、北明が天皇の兄であると偽って皇室にあこがれる頭のヨワい女性をいただいたエピソードはそれほど知られていないので、紹介しておこう。北明が新聞記者であったころ、昭和の天皇は摂政《せっしょう》の宮で病身の大正天皇を補佐していた。摂政の宮が査閲する大演習のさい、取材に出むいた北明は、通り過ぎるようなふりをして摂政の宮と並んだ形になったところを、友人のカメラマンに写真をとらせたことがある。

その写真をもって、喜劇役者の曽我廼家五九郎らと一緒に料亭に人力車で乗りつけ、高貴な筋のお忍びの遊びを装ったのである。ころあいを見て、料亭のおかみがいる席で、五九郎は平伏してみせ、「このお方は」と北明の身分を明かし、写真を見せるのである。

「恐れ多くも腹違いの兄にあたるが、弟は天皇になるよりほかに能がないので哀れにおぼしめされ、皇位をゆずられたのである。世が世ならば、このようなむさ苦しい料亭に来られるかたではない」

演技はお手のものであり、堂に入っていた。勘定はタダになるし、選び抜いた美妓はあてがわれるし、北明たちは皇室の広大なるご恩徳にたびたび浴したという。すっかり味を占めた二人は、今度は三葉アオイの紋を入れた羽織を着用し、徳川家のご落胤《らくいん》だと称して、天皇の名前を持ち出してもいうことをきかない反天皇派の料亭の仲居やカフェーの女給をころがして回ったという。五九郎とのつながりで北明は後に喜劇人の一座であるプペダンサントの脚本を書いたり、自分も出演したりした。北明自称の前衛劇で幕が開くと突然、出演者たちはクシャミをする。それだけで後は何もセリフをいわないのである。どうなることかと見守っている観衆のほうが、今度はこらえようもなくなってクシャミを連発しだす。これには仕掛けがあって、劇場の天井から干したクラゲの粉末をまくのである。釣り好きだった北明が漁師から聞いた話を応用して仕組んだナンセンス劇である。

ペンを『グロテスク』誌のほうに戻すと、二号、三号とたてつづけに発禁をくった北明は、この発禁を逆手にとって大黒枠の死亡広告をつくり、すぐさま新聞に載せた。

愚息『グロテスク』新年号儀サンザン母親に生みの苦しみを味わせ、漸く出産致せし甲斐もなく、急性発禁病の為め、昭和三年十二月二十八日を以て「長兄グロテスク十二月号」の後を追い永眠仕り候、夭死する子は美しい、とは子を失った親の愚痴とは存じ候えども、お察し下され度候。生前御愛顧を蒙りし諸氏の御期待に叛きし段はなんとも残念の至り、愚息も草葉の陰にて口惜し涙にむせび居る事と存ぜられ候、遺骸の儀は好都合にも所轄三田署に於て一年間保存の上荼毘に付してくれる事に相成り候えば、こればかりはせめてもの光栄と存じ居り候。

猶遺言に依り、供花放鳥の類は一切御断り申候え供、第四子『グロテスク二月号』出産の場合は誕生祝として賑々しく御声援被下様願上置候。

一九二八年一二月の暗い暖い夜

東京三田　喪　主　グロテスク社

もちろん、この間、単行本の発行も続けていった。『秘戯指南』『らぶ・ひるたあ』『世界好色文学史・二巻』『ビルダー・レキシコン』などだが、いずれも発禁処分を受けている。こうして昭和五年一月、当局の追及が急となり、今度検挙されたら保釈がきかないと弁護士から〝宣告〟された北明は日本を脱出し、上海へ逃亡するのだが、ほとぼりがさめたとみるや日本に舞いもどり、廃刊になっていた『グロテスク復活号』の再建に努力する。

昭和六年二月、北明の最初の妻であった美枝子が死に、その葬儀が中野の天徳院で行なわれたが、出家した今東光がお経をあげたのは、このときが最初であるという。『文芸市場』以来、常連の執筆者であった生方敏郎は、おりあしく手元不如意だったので「一金一百円也　右借用仕り候　但し香典料として」という紙包みを出して哀悼の意を表した。

時代を撃つ出版姿勢

梅原北明がエネルギッシュに活動した昭和初年代は一名「エロ・グロ・ナンセンス時代」とも呼ばれている。それならば「エロ・グロ・ナンセンス時代」は何年ごろから始まっていつごろ終わったのだろうか。『明治／大正／昭和世相史』の編者の一人となった加太こうじさんの説によると、ほぼ昭和三年から六年ぐらいにかけての時期をさすという。

『日本の歴史・ファシズムへの道』（中央公論社）では、特に「エロ・グロ・ナンセンス」という章を設け、当時の風俗を紹介するだけでなく、その時代的意味とそうした時代を形成した要因を分析している。同書では、「エロ・グロ・ナンセンス時代」を現出させた要因として、ラジオの普及、地下鉄の開通、特急「つばめ」号、旅客機の開発など物質文明が進展し、大衆の生活を変えることで、モダニズムが時代の思潮となったからであると解説している。そして「モダニズムは、ブルジョアとプロレタリアのあいだにはさまって、将来に希望を持てなくなった中間層の生活哲学、消費生活の指導原理で、この階級特有のニヒリズムに根ざしている」といった大宅壮一の定義を紹介し、中間層が追い求めたものがモダニズムであり、エロ・グロ・ナンセンスだったわけである、と述べている。

昭和三年の東京市社会局の統計によると、大学卒の就職率は五五・八パーセント、専門部卒は一七・二パーセントである。不況・就職難・生活不安を反映した小津安二郎の『大学は出たけれど』という映画がヒットしただけでなく、題名が流行語となった。さらに昭和四年十月、ニューヨークのウォール街を襲った株式大暴落が原因となって世界恐慌が発生した。昭和五年初めには世界恐慌の波が日本にも押し寄せ、日本経済をひと呑みした。

このような暗い時代的背景のもとに「エロ・グロ・ナンセンス時代」は現出したのである。その時代の大衆をとらえたモダニズムも「一皮むけば不安と挫折のつくりだした虚妄の果実だった」と『日本の歴史・ファシズムへの道』は述べている。

梅原北明が艶本を中心とした出版活動を行なったのは、こうした時流に乗ろうとした面がないでもないが、赤色をうすめて桃色化していった理由は、ほかにもある。

状況打破への模索が社会的関心の政治的な発揚から、いま一つの禁断の実であった性への、多分に好事家をよそおった接近ということができる。……変革への鬱屈《うっくつ》した関心が性へと〝ねじまがって〟ゆくのは歴史の一つの常例である。そうして日本では意識的に〝良識〟をあざわらい、それに挑戦するこの〝不健全さ〟は、とりわけ一九二〇年精神の一面となっている。

これは鹿野政直氏が北明の路線転換を解明・推理した文章だが、当の北明はいったいどのように考えていたのだろうか。「エロ・グロ」について北明白身の本音を聞いてみよう。

『グロテスク』誌は、昭和五年に一月号が出されてから翌年の四月まで休刊が続き、昭和六年の四月号は「復活紀念号」と銘打たれて刊行されている。この号に「近世現代・全国獄内留置場体験座談会」が掲載され、布施辰治、小生夢坊氏ら十四人が出席しているが、梅原北明も出席している。司会者の「このたび世間からは、エロチック、グロテスクの宗家と称せられ、昨年あたりまでにエロチック、グロテスクと云う言葉を流行せしめた源泉であるといわれている雑誌『グロテスク』を復活せしめることになりました。……是から梅原北明君の御挨拶を希望致しましてこの会を開こうと思います」というイントロダクションを受けて北明はエロ・グロについての考えをこう語っている。

「僕が要するに以前の雑誌『グロテスク』によってグロテスクとかエロチックとかいうようなことをまるで流行させたかの如くに思われるのでありますけれども、しかしこれは、僕は意識的にグロテスク、或はエロチシズムをやったのではなくて、つまり非常に大胆不敵な考えのもとから、エロチシズム或はグロテスクということを主としまして、そして世の中を何でも構わぬからお茶を濁してやろうという気になって、それを始めたのがちょうど世の中に一種の流行を受けたというようなわけで、初めから流行させようとかしないとかいうような意味でなくして、僕としては何でも構わぬからやってやろうという単純な気持でやったわけです。ところが僕が止めた時分に世の中が案外そういうような時期になって、実は僕としてはもう今日になってはエロだとかグロだとかの時代ではないと思うのであります。そこで僕の方じゃいいかげん鼻についているのです。それで僕は一年ばかり止めていたので、……ところが、こっちじゃいいかげん倦いたりしている頃に世の中が漸くエロのグロのと騒いで来たような訳なのです。大体、このグロテスクということの意味は実際厳正に批判すれば非常にやかましい問題になる……そこで色々考えた末、何か世相のグロ的なものでもやろうと思ったのですが、期せずして暗黒面を毎月どしどし暴露していくという意味に於いてまず最初はこの座談会になったわけ。これから一つ何でも、左翼であろうが右翼であろうが一向参酌なく、凡ゆる方面から色んなものをぜひ一つ皆様にお話し願いたいと思うのであります」

鹿野政直氏の解明・推理が的を射ていることがわかろう。

「猥本の出版狂」といわれた北明だが、艶本出版は彼独特の斜に構えた反権威・反権力的姿勢からもたらされた抵抗のための手段であったともいえるのである。後には手段が目的化し、かなり熱くなってポルノ出版に打ちこんだが、だからといって北明はポルノ出版だけに全精力を投入していたわけではない。前にも述べたように北明は、明治初年からの各新聞の記事を抜き書きする作業を行なってきたが、その集大成として『近世社会大驚異全史』『近代世相全史』の編述にも取組んだのである。

また北明が主宰していた雑誌に掲載した彼の作品を類別すると、性そのものを扱った著作よりも広い意味での民衆史を記述した著作のほうがはるかに多いことがわかる。「日本刑罰史」「江戸時代・非人乞食考」「近世落書報道史」「近世ハイカラ変遷史」「竹橋騒動史（日本最初の軍隊の暴動）」等々がその作品群である。

現在の時点で北明の残した著作を改めて点検し直すと、性を扱った著作類は翻訳が多く、その翻訳も急いで口述されたものもあり、性的な表現を規制する政策への配慮もあって、そのうえ乱作ぎみでもあったので、文章は粗雑でありすぎる。したがって、この分野での北明の仕事は、どのような性文献を紹介したか、また紹介するにあたってどのような方法をとったかという点に興味と関心が持てるぐらいである。こうした分野でのマシな作品をしいてあげるとするなら、『秘戯《ぎ》指南』だろう。

「各篇にわたって文献を半分、自分の体験に基づく事実を半分収めるという予定で脱稿したのだが、組版にかかると、それでは二千ページ以上にもなることが解ってきた。そこで編集者より厳重な抗議が持ち出され、体験の大部分を余儀なく割愛した」とその序文に構想が述べられている。この本はそのため、世界の代表的な性文献のエキス部分をアレンジした本になっている。また題名からもわかるようにハウ・ツー・セックスの書でもある。

とはいえ、やはり好事家向けに編さんされた性文献の一大集成の書としての側面が強く、いわば「極桃冒険主義路線」を果敢に歩んできた梅原北明の総決算的な「性書」であるともいえる。

後にこの本が出版法違反で問われたさい、弁護側証人として、膣ケイレンを起こして、取りはずしがきかなくなった男女が出廷し、この本の読者から助けられたいきさつを法廷で代わる代わる陳述し、北明のために快弁？　をふるったとのエピソードがある。となると、やはり実用の書であったことになる。

ともあれ、『秘戯指南』のような著書は例外である。「性書」の書き手・出版業者として北明を見た場合、出版物の内容よりも、むしろ圧力状況下での彼の生き方がユニークであった点に一部の人たちから興味と関心が持たれているのであり、それは正解であるといえよう。

今日の時点で風化に耐えて評価しうるのは、北明の「歴史もの」と「考証もの」の著作のほうであろう。そのような作品の中でとりわけ、注目されるのは菊判千八百ページに及ぶ『近世社会大驚異全史』である。

『グロテスク・復活紀念号』の裏表紙に『近世社会大驚異全史』の広告が載っているので、そのコマーシャルを次に写しとってみよう。

由来この種の著述はともすれば、御用学者に依って政府の御都合主義に迎合し、或は支配階級のみの利益を庇護するために粉飾され勝で、些細の虚飾もなき赤裸々の国民的歴史などというものはそれを望む事がすでに一種の徒労に終らざるを得なかった。斯かる悪弊を断乎として排撃し、終始一貫飽までもあるが儘の世界を反映せしめたところに本書の真価は云々。

官製の〝御用歴史〟に対して新聞記事をアレンジすることで民衆史を作成しようというのが北明のねらいであった。

同書の特色についてアマチュアであり、しかも血のつながっているボクがあれこれと書くよりも、第三者に判定してもらうほうがいいと思うので、たびたび登場いただいている鹿野政直氏に労をわずらわすとこういうことになる。

新聞（官報をふくむ）記事によって歴史を構成しようとする手法は、必ずしも北明が最初ではなかった。旧くは指原安三の『明治政史』（一八九二〜九三年）が、ある種の〝野史〟をつくろうとする視点から、それをなしとげた。しかし北明（や外骨）のこれらの仕事をみるとき、そこにはあきらかに、オーソドクスな歴史のみならず、先行する同種の書物にたいしてさえ、いちじるしく異なる三つの特徴を指摘することができる。その特徴こそ、こうした書物の思想史的意義をあらわすものといえるだろう。

その第一は、……社会史という範疇をうちたてたことである。そのことは、歴史学の展開にそくするかたちできわめて大ざっぱにいえば、明治の政治史を非政治的分野に拡大したいわゆる文化史を、さらに拡大したかたちでの歴史叙述が成立したことを意味する。そこには当然、市井のできごとがつらねられていて、それらも歴史的に価値づけられるとともに、いわば庶民生活を主題にした歴史として、〝英雄〟たちの足跡の集成としての政治史に、みずからを向きあわせる位置を占めるのである。

そのことは、おのずからにして第二の特徴につらなる。その特徴とは、この種の社会史は、庶民の、往々にして〝愚行〟までをもりこんだ歴史として、そこにある種の人間平等観がつらぬかれていることである。もとより、この種の歴史にも頻々と英雄豪傑は登場する。しかしかれらは、正装に身をかためた高位高官としてでなく、原則として素顔の人間としてとりあつかわれる。むしろ高位高官であればあるほど、一種の意地わるさをもって、その〝権威〟をはぎとるかたちであしらわれる。その意味では、いささかの卑小ささえもって、裏からみた平等観がつらぬかれているといえるのである。

第三は、新聞をしてかたらしめるという手法が、抵抗の精神を示していることである。幕藩体制下の戯作者たちは、しばしば時代背景をくりあげた作品を書いて、言論弾圧への逃げ路をもうけつつ、時代を諷刺した。これにたいして北明らは、新聞記事というかつて書かれた記述を、そのままのせることによって、言論の抑圧に対応させつつ、時代を撃つのであった。その記述そのものには、みずからの筆が毫末も入っていないという点で、それは、韜晦しつつ抵抗する姿勢を示していた。

奇書『近世社会大驚異全史』は、思想史上、ほぼこうした位置を占めるといいうる。

『近世社会大驚異全史』のような膨大な作品に取り組んでいて経済的にペイできるわけがない。それでもあえて北明が取り組んだのは、『グロテスク』誌の広告によると「自棄け糞が原因の決死的大道楽」であるという。北明には高橋鐵のようなアカデミズム志向は全くなく、ひたすらジャーナリスティックである。そうした持ち味を生かすことで、かえって体制内の歴史学者のウィーク・ポイントをつく作業を北明はなしえたといえよう。

警視総監、学校長も愛読者

「梅原北明って野郎がかしこくてね。知り合いの左翼寄せ集めて帝国ホテルの部屋を借りよった。雑誌は全部予約制だ。その予約第一号がなんと某宮様だと。……それで警察が乗り込んで来てな。雑誌押収していって『一冊足らんじゃないか』『一号はどこだ』って言うと、これが宮様だ。ここには行かれねえって警視庁もお手上げになった。……原稿ができあがると、ページをバラバラにピックアップしましてね、ノンブル打ったやつを『おい青森で刷ってこい』、次のやつは『おい、おまえは福井でやってこい』って調子でね、全部バラバラで文章がつながらないようにして刷らせるんですね。それを集めてきて製本する。……危ねえっていうとすぐに逃げてどっかへ消えちゃう。実に神出鬼没な振舞いをしよった。……昔の無産者新聞がみんなこの手を使ってページごとにバラして新聞を刷っていた。野郎はこれを本に応用したわけだ」（『毒舌文壇史』）

今東光の回想の言葉である。北明が経営する出版社には監視のため、絶えず巡査が常駐していた。あけっぴろげで陽性な北明の人柄にチャームされた巡査は、社員といっしょに、とってもらった店屋物を食べ、忙しいさいには、発送を汗だくになって手伝ったというエピソードが伝わっている。だが、目的は監視のために来ているのである。北明は監視の目を盗んで、今東光が述べているような方法をとったり、時には当時としては珍しい高級乗用車を読者会員で財閥の御曹子の益田太郎（三井系）から借り、車の中を編集室として仕事をすすめた。

綱渡り的作業とはいうものの、発禁や投獄は覚悟のうえで採算を無視して出版するので北明物に読者の支持は集まり、この次、北明は何を出版するのかと楽しみにしている読者が多かった。

所轄署のブタ箱では融通がきかなかったが、本庁の留置場に送られると、警視総監がじきじきに取調べを行ないたいといって人払いをしたうえで北明を呼びだしたという。ヤカンに入っている冷や酒を北明にご馳走し「次の企画は何か」と北明に聞いた。取調べのために聞くのではなく、警視総監自体が熱心な読者だったのである。資金がなくとも、北明が予約購読案内のビラを読者にまくと、毎日、為替が送られてきたという。それでも資金が足りないと、北明のファンの一人だった某県知事は、県内の業者に命じて原価以下で紙の手配をしてくれた。

だが、そのような時代がいつまでも続くわけがなかった。ファシズム化の進行とともに言論統制はいちだんと強化されていった。

　国家の側からみれば、公序良俗に反し、体制内化されない出版業者として、あるいは書き手としての北明の存在は、目に余るものがあり、活動の息の根を絶つべく、北明を収監しようとしたのである。

　自分でも新聞記者としての経歴を持ち、新聞記者の友人が多かった北明は、取締り当局側の方針を事前にキャッチし、とるものもとりあえず、大阪に難を避けた。この時、北明に職を与え、住居まで用意してくれたのは、北明の秘密出版物の読者会員であった女学校の校長だった。もっとも住居といっても、学校の宿直室である。

　北明の長男として生まれたボクは、数えで五歳になっていた。北明が大阪に逃亡した時、同行したのは、ボクとボクの母（後妻）である。北明夫妻とボクは、家具のない宿直室に住みながら大阪での生活を送った。昭和七年——ぼくが北明についての記憶を蘇らすことができるのはこのころからである。

　炊事道具はなくとも女学校付属の寮の食堂で食事をとっていたので、差しつかえなかった。物心がつかないとは、ある意味で救いとなる。このような生活をしていながら、幼児であったボクは、おびえたり、ひがんだりせず、この女学校の系列下にある幼稚園に無料で通っていた。こうして当時を回想してみて不思議に思えてくるのは、ボクたち一家を保護してくれた女学校の校長の存在である。非合法で出版されたポルノの文献を女学校の校長が、いや、「建て前」という仮面をかぶり続けねばならない教育者だからこそ、ひそかにむさぼり読むことはあり得る。だが、警察からマークされている人物を承知のうえでかばい、ある意味では聖域でもある学校内に住まわせる人物は稀れであろう。思うにこのような教育者は、昭和の年代に手垢がつけばつくほど、激減していったのではないだろうか。

ところで、北明は英語の教師をしていて、生徒たちの通信簿には、だれにも九十点をつけていた。評価権の放棄である。学校の教師とは生徒に対して「権力」であり、教師が「権力」となり得るのは、単位の認定権など、要するに評価権を持っているからであろう。教師は評価権を行使することで、結果として選別教育に加担することとなる。もっとも梅原北明は、このような理屈だてを行なったうえで評価権を放棄したわけではないようだ。北明の経歴をたどれば理解されると思うが、北明の生き方は心情的アナキストに近い。生徒たちの成績を評価すれば、おのずと序列をつくりだすこととなり、いったん序列がつくられれば、権威が生まれる。権威ぎらいの北明は、まともに点などつける気になれなかったのだろう。

だが、北明のこうした方式は、一部から歓迎されただけで、点取り虫のような女学生やその保護者たちから不評をもって迎えられた。大阪も安住の地ではなくなった。ほとぼりがさめたのを見はからい、翌年の昭和八年、ボクたちは東京にひそかに戻った。ボクたちの新たな住居となったのは、靖国神社の裏門の前にあった下宿屋であった。住人は学生や独り者の勤め人がほとんどで、世帯持ちは、北明だけだった。しかも陽あたりが悪く、借り手がつかなかった部屋を、部屋代が安いのを取り柄で北明は借りたのである。北明はこの下宿から新しい勤め先となった靖国神社の社務所に通った。文献収集・編さんの腕を買われて、北明は靖国神社の社史編さん事業にたずさわったのである。それはまた北明にとって隠れミノでもあった。

かつて帝国ホテルで数室を借り切って編集室代わりに使ったり、警察当局に追われながら、高級乗用車を乗り回して、車内で編集をしていた北明の華麗な生活ぶりから比べれば、うって代わったような落魄の時期であった。だが、小学校への就学年齢にも達していなかったボクには別にどうということはなく、靖国神社の境内を遊び場として近所の子どもたちと遊び回り、夕方には下宿に戻ってくるだけの生活であり、貧しい父をもつ子どもとしての実感はなかった。それでもこのような記憶が残っている。

下宿屋から四、五軒先が煙草屋で、父にいいつかって煙草をよく買いに行かされたが、父が買ってこいといつも命じるのは、ゴールデン・バットだった。子ども心にもたまには違った煙草を買ってみたいという気持をボクはかねがね抱いていた。といっても、煙草の味がわかる年齢から程遠いボクは、デザインのきれいな煙草に心をひかれていたのだ。煙草屋のウィンド・ケースの中に並べられた煙草の中でボクの気にいりの煙草はエア・シップだった。

そのころ、飛行船はたいそうモダンな乗り物だった。ドイツのツェッペリン号は、代表的な飛行船であり、この飛行船にあやかってツェッペリン焼きという名の菓子が、夜店の屋台で売られたりしていた。ツェッペリン焼きとは、飛行船型をした鯛焼きのような菓子であり、決して上等な菓子ではなかった。それでもボクは、この世に存在する菓子の中でいちばんおいしい菓子であると思っていた。ところで、ゴールデン・バットを買ってこいといつものように命じられたボクは、エア・シップを買ってきてしまったのである。エア・シップといっしょにつり銭を差し出すと、父は困惑したような表情を浮かべた。母とひそひそ話をしていたが、結局、ゴールデン・バットと取替えにボクは行かされたのである。

後にわかったのだが、エア・シップはゴールデン・バットより高価な煙草だった。高価といっても何銭か高いだけである。人にはそれぞれ、値段にかかわらず、好みの煙草があるものだが、間違って子どもが買ってきたとしても、取替えに行かせる親は少なかろう。もっともボクの場合、間違って買ってきたのではなく、明らかに意識してエア・シップを買ってきたのである。それにしても取替えに行かせたということは、よほど追いつめられた生活をしていた現われなのだろう。

日劇再建に成功

靖国神社の社史の編さんにたずさわった期間は、約一年ぐらいでボクたちは浅草の六区に近い松葉町に移り、北明はようやく一戸建ての家を借り、兄の家に預けていた先妻の子を引き取り、一家を構えた。そのころの松葉町は、芸人の町で私の家の斜め向かいに浪曲師の梅原秀夫が住んでいて弟子たちのうなり声が朝から聞こえてくる住居だった。梅原秀夫と北明とは血のつながりはない。偶然、近所に住むようになっただけのことである。このころ北明は、東京・有楽町に建ちぐされ同然になっていた日劇の再建を引受け、職場を宗教界から芸能界へと転じた。ブランナーとしての腕を買われたのである。

北明はチャップリンの『街の灯』を日劇にかけたところ、連日満員の大当たりをとり、再建へのメドがつきかけた。続いてマーカス・ショーを呼び、司会を松井翠声に頼んだ。このころ、ダニー・ケイはマーカス・ショーに所属していたので来日したが、まだ駆け出し時代で幕間のコミックを演じていた。ところで、このころのマーカス・ショーは三流クラスであり、ギャラが安いので呼んだのが真相であった。ところが、これが、大当たりするのである。チラリと見せるような見せないようなラインダンスの所作が受けたのであろう。三流クラスを呼んで、商売をしようとした北明の賭けが成功したのである。そのころのレビューは警視庁の通達した不粋な「ベカラズ集」で拘束されていた。


(い)ズロースは股下二寸未満のものおよび肉色のものはこれを禁ずる。

(ろ)背部上位の二分の一より以下を露出せしめざること。

(は)胸腹部は乳房以下の部分を露出せしめざること。

(に)ダンス（例えばインディアンダンス、ハワイダンス等）にして、腰を部分的前後左右に捩る所作はこれを禁ずること。

(ほ)観客に向かい、脚をあげ、股が継続的に観客に見ゆるがごとき所作はこれを禁ずること。


北明は、この合法と非合法スレスレの路線で、ラインダンスを演出したのである。ところが、警察からは呼び出しを受けず、日劇の支配人室に押しかけてきた右翼からオドシを受けた。「時節をわきまえないウンヌン」といったやりとりの後、先に手を出したのは、北明のほうだった。タイプライターを投げつけたのである。その場は負傷者をかかえて、右翼のオジさんたちは引揚げたが、その翌朝、頭を包帯でグルグル巻きした男が、わが家を訪れた。

母が応対に出て、父は昨夜から帰っていない、とその男にいった。ボクの記憶では、ボクは母の横にすわっていた。そして、ボクは父が実は二階の部屋で寝ていることを知っていた。五、六歳のころである。難しい事情は理解できないが、ともかく父の身に危険が迫っていることを察して、ボクは息をつまらせながら、壮士風の男を黙って見守っていた。母がノレンに腕押しの応対をし続けるので、男はジレて、フトコロからドスを出すと、抜いて見せた。魚屋の売れ残りのイキの悪い魚の肌の色のようなニブい光を放っていたドスが、まがまがしい記憶となって現在でも残っている。

今から考えると、ボクが母の横にすわらせられたのは、父の演出であったような気がする。ずるい奴だと舌うちしたい気がするとともに、感心もしたりして、しようがないや、という気持に落ち着く。

日劇の再建に成功した父は、当時の金で二十万円の謝礼をもらい、現在、アート・シアターと飲食街になっている日劇の地下劇場も貰えることになったが、このほうは断ってしまった。金を握ると北明は、気の合った友人を誘って、ロケ班を編成し、台湾を撮影する旅行に出かけ、半年たらずの間で使い果たしてしまった。売りものになりそうもないフィルムと竹細工が家人への土産だった。北明が再浮上したのは、ドイツからハーゲンベック・サーカスを呼んで、ひと山あててからである。だが、北明は、蓄財観念はゼロに等しく、金銭に対してはテンタンとしていた。そのため、ボクら一家は、父の収入の度合いに応じて、ヤタラと引っ越しした。少しでも生活に余裕ができると、夕飯はホテルのレストランでとることを習いとしていた。もちろん、自分だけでなく、家族にもそうさせるのである。

さらに生活面での特徴をあげると、貧富のサイクルがあまりにも短く、いわばバクチ打ちの生活にも似て、上がったり、下がったりでエレベーターに乗り続けているような按配だった。貧乏の周期が一番長く続いたのは、昭和十三年から十五年にかけてであった。そのころ、小学校四年生だったボクが、朝になって目を覚ますと、家には父の姿はなく、代わりに目つきの悪い、品性のいやしそうな男が五、六人、父の書斎にいて母と話しこんでいた。

後になってわかったことだが、憲兵が寝込みを襲ったのである。だが、父はタッチの差で逃げてしまっていた。官憲につけ狙われながら、艶本を出版していた時期の体験が役にたったようである。このとき、なぜ、父が憲兵に追われたか、父も話さなかったので、長い間、疑問に思っていた。ところが、野坂昭如さんが、梅原北明の生涯を小説化するさい、調べたところによると、北明はナントカという陸軍大将の名刺を偽造して、仕事の面でのコネを捜している友人に与えたらしい。

たわいもない理由なのだが、父の前歴から推察して、背景があるのではないかと、軍のほうではカンぐったものと思われる。寝込みを襲って以来、私服の憲兵がわが家に住みついてしまった。二ヵ月ぐらいは、張り込みを続けていたが、憲兵よりもボクら家族のほうがネをあげてしまった。前にも書いたようにあればあるだけ使ってしまう北明は、貯金をしていなかった。そのため、ボクらは、それまで住んでいた広い家を引き払っていまの北区の下十条の貧民街にある日当たりの悪い長屋に引っ越した。自分たちが寝泊まりする余分の部屋がなくなったので、憲兵たちは、引揚げざるを得ず、定期訪問にきり替えた。長屋生活を代償とした何よりの見返りであった。この体験のおかげで、ボクはすっかり軍人嫌いになってしまった。

ワレ鍋にトジ蓋《ぶた》というが、ボクの母は舞台俳優あがりで、虚栄心と浪費癖と向こう気がケタはずれに強く、先妻に比べると教養志向はゼロで、しかもドメスチックな要素が、カケラもなかった。いわゆる典型的な悪妻だった。だが、悪妻だったからこそ、北明は、こぢんまりと納まりかえることができず、かえって仕事ができたのだと思う。

その向こう気の強い悪妻も、この時は、参ってしまった。彼女は北明の親戚の大半から嫌われており、しかも憲兵に追っかけられているということもあって、親族たちは援助しようとしなかった。彼女は中山法華経寺系のシャーマン的信仰を持っていたので、あやしげな祭壇をしつらえ、見よう見まねで祈禱師に変身し、生活をしのいだ。一年ほどたって、父と連絡がとれ、ボクらは、父の隠れ家を訪れたことがある。星がチカチカと輝き、身体が芯から冷えこんでしまうようなひどい寒い冬の夜だった。北明は、代々木上原のしもた屋の二階を間借りしていた。冬の夜道を父と歩きながら、久しぶりに満ち足りた思いを味わった。それまで、ボクは母の使いで遠方に出かける時があると、電車やバスの中で、ひょっとして父に会えないかと、キョロキョロと視線を走らせる少年だった。

その夜、父に大衆食堂に連れていってもらい、チャーハンを御馳走になった。手許が不如意なので、その程度のものしか子供に食わせられなかったのだろう。だが、ボクはそのチャーハンがベラボウにうまかった。後に、母がボクがそういっていたと父に教えると、北明は苦笑していた。

この間、北明は大衆雑誌に小説を書いて糊口をしのいだが、憲兵に追われている北明のために仕事を世話したのは、当時『少年倶楽部』の編集長をしていた須藤憲造や『新青年』の編集者たちである。『吼ゆる黒竜江』という冒険小説が『少年倶楽部』に一年にわたって連載されたが、その連載が終わるころ、北明は公然と娑婆を歩けるようになった。

戦争がもたらした曲折

昭和十六年十二月、「大東亜戦争」が始まったが、そのころ北明は後の科学技術振興会の母体となった海外工業情報所を設立し、欧米の科学技術関係の図書を出版していた。山本五十六が海軍の司令長官となっていることを知った時北明はたいそう喜んだ。山木五十六は北明とバクチ仲間だったのである。「上海の大世界《ダスカ》でルーレットをやっていた時知りあったのだが、オレよりもバク才があるし、彼ならば……」と、はかない期待を抱いた。というより、生活ぐるみ戦時体制に北明は、はまりこんでおり、期待をかけねばならぬ必要があったのである。アメリカやイギリスを相手にケンカを売ることは、無謀なバクチだと戦争当初はバカでないかぎり北明も思ったのである。そして、そのバクチを勝たせるべく北明も五十六と同じように協力した。中立国経由やドイツの潜水艦で運ばれてくるアメリカの科学技術関係の図書の海賊版をつくる作業に精を出したのである。数年前までは憲兵を使って追い回していた男の出版事業に紙を特別に配給するなど今度は政府が保護することとなった。

このころ小田原に疎開していた北明は上京して本造りに励むだけでなく、一般では配給以外は手に入らなくなった酒を密造することにもエネルギーをさいた。出版にはなんの関係もないのに軍に頼みこんでアルコールをドラム罐ごともらいうけ、さらにウイスキーにしたてるための香料づくりに取り組んだ。コリ性の北明はそれぐらいでは満足せず、自宅の地下室に蒸溜器をすえて米やイモからアルコールを抽出し、手製のウイスキー作りに励んだ。

そのウイスキーを小田原の自宅に訪ねてくる友人知己に気前よくふるまった。それだけではなく、近所の魚屋や八百屋にいたるまでジャンジャンのませた。こうして終戦を迎えるのだが、北明の心境は複雑だった。やっとわれわれの時代が来たのだから、今度こそ北明の意のままに出版できるではないかと友人にさそわれてもなかなか北明は腰をあげなかった。資金のあてがなかったためでもある。しかし、生活のためには何かをやらねばならぬ。北明は迷った。その死の一カ月ほど前、長兄にあてた手紙を引用してみよう。

大正末期に左翼周辺知識人として出発し、性文献出版業者として官憲とわたりあい、反逆的な心情をもてあましながらも第二次大戦下、戦争協力をした北明が戦後の混乱期を暗い思いですごしていたことがわかる。

平和な故郷に幼き日をすごしたる吾等の姿を想いうかべ、兄をなつかしむこと限りなきままにこの書信を送ります。
兄さん、小生も既に五十路の坂の登り口にまで近づいてきました。ふり返れば実に夢のような過去です。今更ながら、少年の日がなつかしまれてなりません。その自分がすでに三人の子供を有しております。病妻はもう丸三ヶ年、臥床のままです。先日も一回、血を吐いて以来日毎に痩せてゆくのがなんとなく痛々しい気持に襲われております。

ひとたび外出すれば列車内の殺人的混雑、破れ放題の窓ガラス。こわれっぱなしの座席。栄養失調気味のひからびた乗客の顔。闇の話や食物の話ばかりでむせかえるような光景。駅から吐きだされればとたんにあさましい生活苦の舞台をさらけだしている青空市場です。

帰宅のため列車に乗れば折柄のラッシュアワーにも拘らず、半分が進駐軍の専用列車、あとの半分に空腹のサラリーマンが家路を急いでの喧嘩ごしの殺人的乗込み。それに比べてあとの専用車には口紅おしろいの色彩の鮮明な女どもがネッカチイフを髪に冠って兵隊と仲よく楽々席をとっての熱海行きです。復員した若者たちは『ちえッ!』と舌打ちしてくやしがること一度ならず……こんな調子で描写していた日には、この便箋が何百枚あっても書ききれません。何んともかんとも名状し難い敗戦風景です。

だが吾々は明治維新の実景を見ず、その生々しい息吹きも知らずして成長してきたのです。しかも有史以来の敗戦を実感した吾々です。人生のスリルを味わうにはまたと得難き今日です。これほどに大きなバクチで負けた日本の姿など……夢にも見られぬ光景がしかも現実として吾々の生活を脅かしつつあるのです。考えれば実に味わうべき現実です。

あいつが悪い、こいつが悪い――なんて騒いでいても腹がふくれません。あいつに欺された！　あいつに押えつけられていたからだ！　などと愚痴ってみたところで始まりません。死んだ子供の歳を数えるようなものです。

　この未曽有の雰囲気の中に微かな息遣いをしてこたつの中に、借りてきた猫のように小さくうずくまっているのが昨今の老母の姿です。……


　歯医者をしていて、しごく常識的な生活者である兄にあてて書かれたものであるため、北明の文章にみられがちなヒネリがないが、それでも北明の胸中を去来している悲傷はうかがえる。

　この手紙が書かれたのは敗戦の翌年、昭和二十一年の三月である。戦犯の追放が叫ばれ、左翼的な風潮がにわかに高まっていった時期である。声高に戦争責任を追及する文化人の中に北明の知己も数多くいた。その連中が、戦前戦時を通じて、それらの人たちのいい回しを借りるなら〝階級的背信行為〟を行なっている事実を北明はあまりにも知りすぎていた。さらに戦争遂行の協力者であった自分にはその矛盾を指摘する資格がないことを北明は心得ていた。

　前半生に反逆的な日々を送った自分であるが、この歴史の大きなうねりの中で何ほどのことがあったのだろうという苦い思いを北明はかみしめていたようである。

　このころ、北明は酒を飲んでは妻やボク、中野正人、鈴木龍二、近くに住む文学青年くずれの勤め人などと花札賭博にふけっていた。

　花札は八八を主にやっていたが、ある日、北明に四三《しそう》の手役が入った。その語呂からも『死相』と呼ばれる手役である。麻雀でいえば『九連宝燈』に匹敵し、一生涯、花札賭博に精を出してもお日にかかれない手役で、この手役がついたものは、場にある金を総ざらいしてもらえるといういい伝えと共に、この手役が配られた者は近いうちに「死ぬ」といわれていることも『九連宝燈』に似ている。しかもこの時、北明がつかんだ四三の手役は、坊主が四枚、黒フジが三枚で、縁起が悪い札が、よりによって集まった。ボクの母は縁起直しに赤飯をたいて皆にふるまった。

だが、その十日後に父は死んだ。病名は発疹チフスで、東京へ通う列車の中でシラミを経由して伝染したのである。ダンディーな身だしなみのいい男として知られた北明が、そうした病気で倒れたのは運命の皮肉であった。

高熱が一週間も続き、死ぬ前日には、脳症を起こして意識は混濁していたが、ボクが朝刊を持って病室に入っていくと、父はつと手を伸ばし、新聞をとりあげ、手でかざして読もうとした。しかし、なんとしても新聞を手でかざすことができず、新聞は、父の顔にバサリと落ちた。

活字とともに生きてきた男の反射的動作の中に、まだ自分は生きて仕事をしなければならないのだという執念がこもっていた。しかし、その時はおそかった。北明が息をひきとったのは昭和二十一年四月五日のことである。

あとがき

時代はますますたそがれていき、人の血は水のように薄れていく――。

これがこの評伝を書き終わって改めていだかされた感想である。本書に登場する五人は、性表現を媒介として自由を求めた点で共通し、自由を求める行為は、自ずと反権威・反権力の立場に彼らをいやおうなく立たすこととなった。

その他大勢の動向はともあれ、自分だけは既成の権威や秩序をたやすく容認しないぞといったしぶとい姿勢を彼らは持っていた。正確を期していい直すならば、持っていた時期があったということになる。

そして、いずれにも共通して指摘できるのは、そうした姿勢を政治党派的諸活動の中で形成し、きたえられ、あるいは最後まで支えられていくというコースをとらなかった点である。友人知己の支援がなかったわけではないが、大筋において彼らは個人の力量・手腕のもと、自由を抑圧してくる国家の暴力に対峙した人びとである。

国家という名の組織暴力に個人が対抗していく場合、ゲリラ戦的様相を帯びてくるのは当然の成行きである。正攻法で勝てるわけがないからだ。そのような戦い方が彼らの奇行化をさらに促進させたといえないだろうか。

政治党派の一員として国家権力とわたりあっても奇行化を促されるようなケースは少ないし、かりにそのような人物がでてきても、その組織体の標準的理想像とされることはない。さらに突っこんでいうならば、その組織体にとって有害な人物に転化していくコースが設定されることともなるのである。

こむずかしい理屈を棚上げしていうならば、本書に登場する人物は「ハミダシ人間」である。「ハミダシ人間」が奇人化するのは、当然の成行きであるし、また国家の側からみれば、「奇人」は「危人」ということになろう。せっかくつくりあげた秩序をゆさぶる危険人物だからである。

国家にとっては頼みもしないのに目の中に飛びこんでくるゴミのような存在の「奇人」の発生率は年々、低下しつつある。そのような社会状況をつくりだすことに国家が成功したからである。本書で扱ったような人物が出現しにくい状況への残念無念を「時代はますますたそがれていき、人の血は水のように薄れていく」と冒頭に書いたのである。本書がそうした世潮に一撃を与えるカマキリのオノともなればと念願するしだいである。

終わりになりましたが、先学の業績より数多い御教示を得ましたことを厚く御礼申しあげます。

昭和五十三年五月

相州平塚にて

梅原正紀

＊本書は、大陸書房より昭和五十三（１９７８）年五月二十六日に刊行された同名書籍の復刻版である。

◎著者紹介

梅原正紀（うめはらまさき）宗教ジャーナリスト。梅原北明の長男。1992年没。

◎著書

『民衆宗教の世界　叛科学の旗手たちとそのコミューン』現代書館　1974
『ほんみち　民衆宗教の原像』白川書院　1975
『縁起タブー集　家運を変える』ベストセラーズ・ワニの本　1976
『近代奇人伝』大陸書房　1978
『新宗教の時代　大衆と宗教の出会い』日新報道　1979
『日本の仏教』現代書館　For beginners シリーズ　1982
『天啓者の宗教ほんみち』南斗書房　1986
『新宗教』現代書館　For beginners シリーズ　1988
『宗教に未来はあるか　世紀末の宗教講座』白馬社　1994

◎共編著

『五大教祖の実像』猪野健治、佐々木秋夫共著　八雲井書店　1970
『民衆宗教の実像　十二人の教祖たち』猪野健治、清水雅人共著　月刊ペン社　1972
『終末期の密教　人間の全体的回復と解放の論理』稲垣足穂共編著　産報　1973
『天皇制と靖国』二葉憲香共編著　現代書館　1976
『創価学会・公明党を問う』清水雅人共編著　大陸書房　1976
『新宗教の世界』1,3,4　出口栄二、清水雅人共著、大蔵出版　1978,1979
『秘儀と霊能の世界　新宗教の底流をさぐる』水野義之共著　紀尾井書房　1980
『第二の創業に向けて　世界救世教』別冊現代宗教　南斗書房　1986

近代奇人伝

2024年３月１日　第一刷発行

著　者　梅原正紀
発行者　西村孝文
発行所　株式会社白 馬 社
〒612－8469　京都市伏見区中島河原田町28－106
電話075(611)7855　FAX075(603)6752
HP http://www.hakubasha.co.jp
E-mail info@hakubasha.co.jp
印刷所　モリモト印刷㈱

ISBN978－4－907872－39－7